湛庐CHEERS

与最聪明的人共同进化

HERE COMES EVERYBODY

读透经济学的8对关键词

向松祚 著

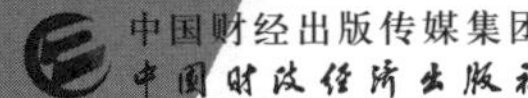
中国财经出版传媒集团
中国财政经济出版社

致亲爱的读者

本书是一本写给非经济专业读者看的常识性通俗读物。希望小学及以上受教育程度的读者可以借此学习一些经济学常识，了解一些经济学思维，掌握在日常生活中正确使用经济学这个工具的方法。当然，如果经济学专业人士愿意读一读，或许会有惊喜和意外的收获。

全书内容根据我的线上授课录音整理修改而成，错漏之处在所难免，敬请读者批评指正。

向松祚

你真的了解经济学吗？

扫码鉴别正版图书
获取您的专属福利

扫码获取全部测试题及答案，
一起了解经济学

- 按照现代宏观经济学鼻祖凯恩斯的观点，经济学是一门科学吗？

  A. 是

  B. 否

- 一个国家的经济是否能够长期、持续地增长，主要取决于（ ）水平。

  A. 工业

  B. 商业

  C. 服务业

  D. 教育

- 除了将钱借给别人，借款人什么也没有做，所以借款人收取利息就是一种剥削他人的行为，这是对的吗？

  A. 对

  B. 错

扫描左侧二维码查看本书更多测试题

目录

绪 论

经济学到底算不算一门科学

凯恩斯的困惑和答案

1922 年 11 月 3 日，为谈判解决德国战争赔款问题，约翰·梅纳德·凯恩斯作为经济专家，代表英国政府前往柏林。当晚，德国政府为各国谈判代表举行盛大晚宴，出席者都是政界、金融界、实业界和学术界的头面人物。凯恩斯正好坐在“量子力学之父”马克斯·普朗克旁边。

觥筹交错之际，普朗克告诉凯恩斯，自己早年曾想主修经济学，后来发现经济学太难才转攻物理学。这番话让凯恩斯感到十分困惑。后来，凯恩斯在纪念恩师的著名文章《纪念阿尔弗雷德·马歇尔》(*Alfred Marshall*)中写下了自己当时的感受。他写道：“普朗克教授只需要短短几天时间就能够掌握研究经济学所需的全部数学理论，这样聪明绝顶的人为什么会觉得经济学太难？”

据说凯恩斯还曾将普朗克的这番话告诉了剑桥大学的同事——另一位天才人物伯特兰·罗素。结果，罗素对凯恩斯说，自己年轻时原本也打算研究经济学，但很快发现经济学太容易，根本满足不了自己渴望思辨的激情，所以就转向研究数学和哲学了。

两位天才人物，一位说经济学太难，另一位却说经济学太容易。这究竟是怎么回事呢？

凯恩斯在前面提到的纪念恩师的著名文章里，给出了自己关于这个有趣问题的答案。凯恩斯说，与数学、物理等自然科学相比，经济学看起来是一门很容易的学科。但就是这门看起来很容易的学科，却很少有人能达到至善之境。这是为什么呢？因为一名优秀的经济学者必须在某种程度上同时拥有四种智慧和能力——哲学、数学、历史学和政治学。

凯恩斯确实不是凡人，他敏锐地洞察到了经济学思维方式的奇特和微妙。

经济学不具备普适性

在所有社会科学中，经济学应该是与我们每个人的生活关系最近的学科之一。尽管绝大多数人并不了解真正的经济学，但他们对大大小小的经济现象非常感兴趣。可惜的是，对经济学有点兴趣的人往往对这门学科没有太大的信心，因为经济学者所说的事情似乎多数都不靠谱，甚至令人不知所云。

如果说人们对经济学这门学科又爱又恨，那大概是高估了经济学的魅力，我相信经济学没有这么大的魅力。但如果说人们对经济学充满好奇和期待，同时又充满迷惑和失望，那么至少对一部分人而言确实是这样的。现实中，人们不仅期待经济学者能够预测经济的未来走势，而且期待经济学者能够预测股票的涨跌，最好是能够预测特定股票下跌或上涨的点位，并且告诉投资者买进和卖出的时机。但是很遗憾，经济学者并没有这种本事，因此人们难免感到困惑和不满。

2013 年 5 月 15 日，在北京大学主办的“科学与文学的对话”活动中，诺贝尔文学奖得主莫言和诺贝尔物理学奖得主杨振宁同台论道，莫言谈到对天才的看法时脱口而出：“杨先生肯定是天才，我绝对不是。”然后他讲述了自己的一段逸事，说自己得奖之后与朋友聚会，有朋友问他：“你都得了诺贝尔文学奖了，为什么还这么低调？”莫言回答：“我得的要是诺贝尔物理学奖，你看我还会不会这么低调！”朋友不解，莫言的解释大致如下：物理学家发现了自然规律、物理学定理，谁敢说三道四？不服的话你发明一个试试！而文学就不一样了，对于一篇小说，有人认为它好得不得了，也有人对它嗤之以鼻。

文学如此，经济学亦如此。经济学者张五常曾经也讲过和莫言类似的话。他说：在街上随便拉个人都可以对经济问题高谈阔论，但谁见过随便拉个人就敢对物理学说三道四？

莫言和张五常其实都道出了社会科学和自然科学的一个基本区别，那就是自然科学的规律或定理一旦被发现，往往就会成为公认的真理，既不需要重新发明，也不会引起无谓的争论。

如热力学三大定律、万有引力定律、麦克斯韦方程组、相对论、杨－米尔斯方程等，这些物理学定律和公式一旦被发现和证实，就成为放之四海而皆准的真理，不仅物理学领域以外的人士不敢妄议，连物理学专业人士也是衷心拜服。

当然，试图推翻或改进这些定律或公式是另一回事。一旦新的定律或公式取代旧的定律或公式，物理学家就会在新发现的基础上再次达成共识，但旧的定律或公式也不会因此被抛弃。当然，物理学家（或自然科学家）之间也有很多争论或不同意见，但争论往往发生在一个科学规律还没有被发现或者没有被实验证实之前。一旦这个科学规律被发现和被实验证实，争论就基本停止了。

经济学（或社会科学）则不然。经济学也有真理，但是其作为真理的性质与物理学的真理不同：经济学真理不具有物理学真理那样不容置疑的普适性。关于这一点，经济学者之间还曾发生过一场著名的论战。

米尔顿·弗里德曼认为，经济学真理具有物理学真理那样的普适性，但弗里德曼和张五常都非常推崇的两位经济学大师弗兰克·H. 奈特（Frank H. Knight）和罗纳德·科斯（Ronald H. Coase）都不同意这一观点。1953 年发表的《实证经济学方法论》(*The Methodology of Positive Economics*）是弗里德曼的得意之作，他以为自己解决了围绕经济学方法论的百年争论，为经济学赢得了堪与物理学媲美的“硬科学”地位。但他在芝加哥大学的同事科斯，却撰文以许多精彩的例子强有力地反驳了他的观点。有兴趣的读者朋友可以去读读科斯的这篇有趣的论文，题目是《经济学家应该如何选择》(*How should economists choose?*)。比如弗里德曼认为，检验经济学真理的唯一标准是该理论得到经验的证实，人们接受某个经济学真理就是因为这个真理得到了经验的证实。科斯以弗里德里希·哈耶克于 20 世纪 30 年代在伦敦政治经济学院提出的一套经济学理论为例，反驳了这一观点。20 世纪 30 年代正值大萧条席卷全球，经济学者们对此不知所措，而哈耶克独辟蹊径，在伦敦政治经济学院的一系列演讲中提出了一套自己独创的货币理论和经济周期理论。随后，哈耶克的这套理论广受认可，经济学者和普罗大众都认为哈耶克破解了大萧条的秘密。科斯以此例表明，哈耶克的理论虽然得到那么多人的拥护，却并没有接受经验的证实。科斯随后又指出，20 世纪 30 年代剑桥大学的琼·罗宾逊（Joan Robinson）提出的不完全竞争理论和哈佛大学的爱德华·张伯伦（E. H.

Chamberlin）提出的垄断竞争理论，也是刚一发表就得到了一致的赞誉，并迅速成为经典，哪里需要经验的证实呢？最后，这场论战以科斯的胜利而告终。不过，需要说明的是，后来的实践证明，罗宾逊的不完全竞争理论和张伯伦的垄断竞争理论并不完美。

其实，凯恩斯著名的宏观经济学革命性巨著《就业、利息和货币通论》（*The General Theory of Employment, Interest and Money*）也是如此。正如科斯所说，人们接受一个经济学理论，并不是因为该理论得到了经验的证实，而是因为人们认为该理论解释了他们深感困惑的现象或问题，或者是给他们深感困惑的现象或问题提供了一个崭新的思路。

经济学真理不具有物理学真理那样的普适性，还表现在即使是同一个国家或同一名经济学者，也会改变自己的理论和观点。这让人们觉得所谓的经济学原理并不是放之四海而皆准的真理，而是“可以任由人们随意打扮的小姑娘”。

比如，美国在建国之初，并没有实施自由贸易。直至第二次世界大战后，美国倡导自由贸易，牵头创立了关税及贸易总协定（GATT）和后来的世界贸易组织（WTO），全球才迎来了自由贸易的黄金时代。但即使在自由贸易黄金时代，贸易管制也依然多如牛毛。可见，自由贸易理论并不像物理学真理那样具有绝对的普适性。

经济学者也是如此。以凯恩斯为例。第一次世界大战之前，凯恩斯是剑桥大学的青年教师，也是自由贸易理论的坚定支持者。第一次世界大战爆发后，凯恩斯到英国财政部担任要职。经过战争期间金融危机的考验后，凯恩斯的许多观点发生了改变。他不再是自由贸易理论的坚定支持者，或者说不再是自由贸易理论的无条件支持者。

凯恩斯对金本位制的态度也是如此。青年时期，他曾强烈拥护金本位制，后来却将金本位制贬斥为“野蛮人的遗迹”。凯恩斯对汇率决定理论的态度同样如此。第一次世界大战期间，英国面临要么维持英镑 - 美元固定汇率、要么维持黄金储备的两难抉择。当时的凯恩斯在财政部负责英国对外金融政策，他力主捍卫黄金储备，抛弃英镑 - 美元固定汇率。英国政府采纳了他的意见。第二次世界大战期间，凯恩斯参与构建战后国际金融与国际货币体系的工作。此时，他又开始反对浮动汇率，主张固定汇率。

如果自由贸易理论、金本位制、汇率决定理论等是恒定不变的真理，那么凯恩斯为什么要随着外部环境的变化而不断改变自己的立场呢？

所以，凯恩斯从不认为经济学是科学。《凯恩斯传》（*John Maynard Keynes 1883—1946*）的译者相蓝欣曾说，《凯恩斯传》只有一个中心思想：经济学不是“科学”，而是伦理学的一种应用，经济学者的观点受自身文化背景和道德观的影响。

我很赞同这个看法。

在我的印象里，似乎只有弗里德曼没有转变过自己的观点，他是一个彻底的经济自由主义者——自由贸易理论、浮动汇率制度等，都是他所坚持的。我的老师、欧元之父罗伯特·蒙代尔在坚持固定汇率优于浮动汇率这一点上也没有改变过。然而，后来的事实证明，他们的坚持跟不上时代的演变。

除了经济学者自身经常转变观点之外，很多经济学者之间似乎也很难达成真正一致的意见。比如，对于 2020—2021 年全球量化宽松货币政策的效果，当时经济学者的预判就有多种。有的经济学者认为，在该政策下全球必然会出现通货膨胀；有的经济学者认为全球不仅会出现通货膨胀，还会出现滞胀；但还有一些经济学者则认为全球不会出现通货膨胀。具体到中国，经济学者余永定主张实施更宽松的财政政策和货币政策，认为适当的通货膨胀也是好事。但也有一些经济学者，包括中国银行保险监督管理委员会主席郭树清在内，则多次就通货膨胀的危害性发出警告。再比如，对于产业政策，同为著名经济学者的林毅夫和张维迎就持截然不同的看法，他们还就此展开了一场“世纪之辩”。张五常对许多经济学基本问题的看法，与他推崇备至的弗里德曼、乔治·施蒂格勒（George J. Stigler）、道格拉斯·诺斯（Douglass C. North）等人也是大异其趣。

经济学者对一些经济学基本问题的看法各异，这不仅让非专业人士觉得经济学理论体系杂乱，算不上一门科学，还会让经济学者自己也认为经济学不是一门严谨的科学，至少不是像物理学那样的科学。

经济学思维的是与非

说经济学不是像物理学那样严谨的科学，并不是要否定经济学的价值。过去数百年甚至数千年传承下来的经济学思想和经济学理论丰富多彩，是无数天才人物智慧的结晶，对于我们理解经济体系有极大的帮助。这是毫无疑问的。

如今，当代经济学所发展起来的那些基本概念、分析方法和基本原理，已经成为现代社会的一种基本和主流的思维方式，经过不断修订的教科书，传授给一代又一代的学子。经济学已从象牙塔里走出去，进入政府、企业和人们的日常生活中。阅读今天的媒体信息，会有很多有关 GDP 增长、通货膨胀、财富、资产、资本市场的讨论和报道。很多经济学者尽管从理念上不赞同经济人[①]假设，但实际上很多人已成为名副其实的“经济人”。人们不停地为自己

---

①“经济人”指不抱其他动机，只追求经济利益，并按经济原则进行活动的人。——编者注

的前途和如何赚钱而奔波劳累。现代人看似生活富足，实际上心力交瘁。这样的生活有时会让人想起卢梭的理想——回到黄金时代[①]去。媒体上有人感慨，说现代人就像陀螺，不停地旋转，而且旋转速度越来越快，直到死亡才停止。的确，现代社会的每个人都有点儿像《爱丽丝梦游仙境》里描写的那样，只有不停奔跑，才能停留在原地。

追逐财富的人感受会更深，你觉得自己已经拥有很多财富，但转眼间别人的身价就超过你数十倍、数百倍，乃至数千倍、数万倍。我有时特别向往陶渊明那种“采菊东篱下，悠然见南山”的生活。陶渊明不会不顾一切地去追求财富，他认为“营己良有极，过足非所钦”。意思是一个人自己的享受本来是很有限的，并不需要过多的东西。但今天大多数人是不会这样想了，总认为钱越多越好。

我们没有办法去改变这一切：个人追逐金钱和身价、企业追逐利润和市值、国家追逐经济增长和GDP。我在《新资本论》一书中曾经以“全球老鼠赛”一词来形容今天人类的命运——全球70多亿只老鼠都在拼命地奔跑，试图比其他老鼠跑得快，以获得更大的成功。

我认为，当代主流经济学的基本理念对“全球老鼠赛”的可悲现实是要负一定责任的。经济学首先应该是一门关于人的学问，经济学者应该努力恢复经济学作为一门“人学”的本质。将经济学理解为或试图将经济学变为自然科学那样的所谓“硬科学”，是对人和人类经济行为本质的根本误解，无助于我们真正理解人类经济体系的动态演化。

我虽然对当代主流经济学的基本哲理持批评态度，且认为经济学不是也永

---

① 卢梭在《论人类不平等的起源和基础》一书中，把人类的原始状态当作人类的黄金时代加以描绘。在他看来，那时因为没有私有制和不平等，人类生活简单，思想纯朴。——编者注

远不可能成为像物理学那样的科学，但依然相信当代主流经济学的很多概念、原理和方法对于我们理解今天的人类经济确有帮助。当代主流经济学揭示的一些基本规律和基本常识，弥足珍贵。所以，我希望非经济学专业的读者朋友也能够理解这些基本规律和基本常识，以及由这些基本规律和基本常识所构成的经济学思维，并且能将其应用于日常生活的规划之中。这就是我写这本常识性通俗经济学读物的初衷。

本书分为八个主题，分别是趋势和预测、增长和发展、投资和金融、财政和税收、货币和物价、利率和汇率、周期和危机、封闭和开放。这八个主题基本涵盖了经济学的核心内容，它们是经济学者长期研究的重大问题，也是经济政策决策者、企业家和投资者最关心的课题，同时也和我们的生活息息相关。

我希望从对这八个主题的简要分析中，引申出经济学思维的基本特征。经济学是一门特别的学科，它牵涉到几乎所有其他学科。经济学可以借鉴自然科学的真理、心理学和社会学的重要发现，必须运用数学所发展出来的方法和模型、统计学的基本工具，必须有大历史研究的视野和洞见、哲学的深邃思辨和辩证权衡，还需要借助政治学和法学的基本原理和原则。最重要的是，经济学者需要有悲天悯人的情怀，因为经济学者研究的是人，是每个人对美好幸福生活的渴望和追求。

简而言之，能够将真善美融为一体的经济学，才是好的经济学，才是我们真正需要的经济学。

第1章

趋势和预测

经济体系好比人的生命体系，经济学者好比医生。医生给患者诊断需要一套指标体系，经济学者分析预判经济趋势也需要一套指标体系。发现一套生命指标体系是医学的伟大成就；同样，发现一套经济指标体系也是经济学了不起的成就。

经济学思维首先是一种量化思维。也就是说，我们分析和理解经济现象，需要熟练掌握一套经济指标体系，需要明白每个指标的具体含义、计算方法以及各个指标之间的相互关系，还需要明白每个指标都有其内在的局限性，要理性慎重地看待每个指标，不能绝对化。

如何给经济“量体温”

上午十一点多，我的手机突然响了。在人人都用微信的今天，人们如果打电话，多半是有重要或紧急的事情。我立刻接听电话，对方是体检中心的主任医师关大夫。关大夫用一种略微紧张又带着安慰的口气对我说：“向先生，你的体检结果出来了，大部分指标都不错，不过有几个指标有一点问题，其中心电图的指标有异常。你不用担心，应该没什么大事。希望你能抽时间尽快来复查一下，我也给你分析一下你的体检指标。”我马上答应下午就去找关大夫，约好两点见面。

下午两点，我准时到达体检中心，关大夫已经在办公室等我。他拿出我足足有七页的体检报告，上面是密密麻麻的各种指标，并附带多张图表。关大夫耐心地为我解释了一些主要指标，尤其是与肿瘤、心血管疾病、“三高”和内分泌相关的一些指标，还用电脑为我演示分析了一些指标之间的关系，前后足足用了一个小时。

我对关大夫感慨道：“听你给我分析这些指标的感觉，就像我给学生们上宏观经济学课。”

“你是研究经济的？”

“是的，研究经济和金融。”

“研究经济和金融，与我们做体检有点儿像吗？”

“不是有点儿像，是非常像。我们用一套指标体系来分析判断经济运行情况，就像你们大夫用一些体检指标来判断一个人的身体状况一样。”

我一直认为，对经济体系最好的一个类比就是人的生命体系，因为二者都是复杂的体系，而且每时每刻都处于变化中。医生通过一套指标体系来给人的身体做诊断，判断人体是否健康，哪里有问题；同样，经济学者通过一套指标体系来给经济体系做诊断，判断经济运行情况，哪里会出问题，会出什么样的问题。很多人一听说宏观经济学，就认为太抽象、太理论化，离我们的生活太遥远，甚至认为这是一门不切实际的学科。其实，宏观经济学研究的很多课题，和我们的日常生活息息相关。比如，大家都非常关心的股票、房地产、就业、物价等，都是宏观经济学深入研究的课题。

而宏观经济学的首要课题，就是用一套指标体系来衡量、判断经济的整体运行状况。关于这套指标体系，在经济学中有一个术语，叫作“国民经济核算体系”。国民经济核算体系的发明，在经济学发展史上具有划时代的意义。20世纪三四十年代，英国和美国的一些著名经济学家，如凯恩斯、库兹涅茨、理查德·塞勒、尼古拉斯·斯通等，为了分析研究一个国家乃至全世界的经济情况，开始寻求一套指标体系。他们经过长期的努力，构建了国民经济核算体系。凯恩斯开创了现代宏观经济学，他在《就业、利息和货币通论》中就讨论了一些经济总量指标，如国民生产总值、总投资、总消费、总物价水平等。库兹涅茨和尼古拉斯·斯通等人因为研究国民经济核算体系，并将其运用于研究各国经济的实践中，而分别荣获了诺贝尔经济学奖。20世纪60年代以后，世界各国逐渐开始采用国民经济核算体系。中国则是在改革开放之后的20世纪80年代，开始全面采用国民经济核算体系。

接下来介绍一下国民经济核算体系的三组主要指标。

第一组指标大家都非常熟悉：国内生产总值（Gross Domestic Product，以下简称 GDP）和国民生产总值（Gross National Product，以下简称 GNP）。GDP 是一个地理概念，衡量的是一个国家总体的生产能力，也就是一年内一个国家生产的全部商品的价值总和；GNP 是一个国民概念，意指一个国家的居民、政府和企业的收入总和。这两个指标既有相似之处，也有重要的区别。

比如，我们现在喜欢讲人均 GDP，但人均 GDP 并不能准确反映国民的富裕程度。因为如果一个国家有大量外资企业来投资生产，那么其中有相当一部分的增加值，如企业的利润，是要汇到国外的。所以，一个有大量外资企业的国家，人均 GNP 和人均 GDP 这二者之间是有比较大的差距的。一般而言，人均 GNP 小于人均 GDP。还需注意的是，人均 GDP、人均 GNP 和居民人均可支配收入之间的区别。2021 年中国人均 GDP 超过 1.2 万美元，人均 GNP 也超过 1 万美元，而居民人均可支配收入只有不到 5 000 美元。这是因为 GDP 和 GNP 包括了居民可支配收入、企业利润和政府预算收入，所以居民人均可支配收入要远远小于人均 GDP 和人均 GNP。

第二组指标是将 GDP 和 GNP 这两个总量指标进行分解后得到的。也就是说，GDP 和 GNP 的构成部分就是第二组指标。这些构成部分分别是投资、消费和净出口。GDP 和 GNP 原则上都可与“投资 + 消费 + 净出口”画等号，这是一个恒等式。

为了便于理解，接下来我们主要用 GDP 来衡量一个国家的经济总量，不再区分 GDP 和 GNP。我们可以从两个角度来看投资、消费和净出口。一是从需求角度来看，二是从供给角度来看。因为总供给一定是等于总需求的，所以从这两个角度看的结果其实是一样的。从需求角度看，一个国家所生产的商品必然满足了三大部门的需求。一是投资部门的需求，如基础设施建设需要的各种设备、钢材、水泥等；二是消费部门的需求，如我们日常生活所需的各种衣食住行、文化娱乐产品；三是出口部门的净需求，即海外净需求，如美国、欧洲、日本和其他市场对中国产品的净需求。三大部门的需求加起来就是对一个国家产出的总需求，也就是对 GDP 的需求。从供给角度看也是如此，通常可以讲，投资品生产部门、消费品生产部门和出口生产部门的生产总和，就是 GDP。

第三组指标是从收入角度来分析 GDP，或者说从收入角度来对 GDP 进行细分。从收入角度看，GDP 都到哪里去了呢？第一部分到了政府“钱袋子”里，变成了政府的财政收入；第二部分到了老百姓手上，变成了居民可支配收入；第三部分到了企业，变成了企业的利润。所以，这组指标包括政府财政收入、居民可支配收入和企业利润三大块。国民收入分配就相当于切分蛋糕，是一个重要的经济问题和政策。

以上这三组指标是我们分析一个国家总体经济状况的主要指标，也是宏观经济学研究的几个主要指标，还是每个国家的统计部门都要准确、真实统计的经济数据。

然而，这些指标都非常复杂，是将无数个生产单位和消费单位的数据层层统计、计算出来的，要做到准确统计并不容易，所以世界各国的统计数据都有不同程度的误差。统计数据能够准确、真实地反映国家经济形势，是各国统计部门一直努力追求的目标。

如何给经济“把脉”

人间四月，清明时节。2022 年 4 月 5 日，晨曦初露，我便和朋友们一起从宜昌驱车前往位于山区的家乡踏青扫墓。沿途风景辽阔壮美，山峦起伏、白云环绕，漫山遍野的山花与苍翠欲滴的丛林交相辉映，构成了令人心旷神怡的美丽画卷。那天天气出奇的好，我们得以尽情观赏醉人的美景、呼吸清新的空气。

车行 3 个多小时，就到了群山峻岭之间的一个小山村，那是我出生的地方。睹物思人，早已物是人非。小山村只剩下几户人家，而且几乎都是 60 岁以上的老人。他们的生活方式依然如故，靠种植玉米、土豆、红薯，养猪、养羊和养鸡维持生计。到家乡踏青扫墓，自然要到老乡家里坐一坐，喝杯茶，聊聊家常。我习惯性地走到年少时熟悉的猪圈和羊圈旁，看看老乡养了几头猪、几只羊。

“怎么没看到你养的猪呢？”我问老乡。

“哎！今年不想多养猪了，只养了一头自己杀了吃了。”

“为什么呢？”

“猪肉卖不上价格。现在按毛重算也就六七块钱一斤。养猪划不来，亏本。”

“前段时间猪肉价格不是很高吗？”

“早就跌下来了，不值钱了。现在养猪连成本都回不来。”

这时候，一位陪我上山的朋友问我：“你不是经济学家吗？猪肉价格为什么跌得这么厉害？前几年猪肉价格涨到几十块钱一斤，现在又跌到几块钱一斤，这是怎么回事？”“这是猪周期惹的祸。”我答。“难道就没有办法使猪肉价格一直稳定上涨吗？现在农民只靠种田、养猪确实很难生活。猪肉几块钱一斤，玉米一块一毛钱一斤，水稻价格也很低。农民种田根本回不了本。一些人改种茶叶，但是茶叶价格也不高，赚不到钱。”朋友接着说。

我一时竟然接不上话。“谷贱伤农”，自古皆然。最辛苦的总是那些面朝黄土背朝天的农民。的确，为什么粮食、猪肉的价格不能一直稳定上涨，让农民多赚一些钱呢？为什么会有猪周期？那忽起忽落、变化无常的物价到底是怎么回事？

坐在老乡家的屋檐下，看着他们苍老发黄的脸庞和疲惫佝偻的身躯，仰望群山，我顿时有一种茫然不知所措的失落感。连这样简单的问题都无法给出一个让老乡满意的答案，我算什么经济学者?!没想到，货币金融这头“怪兽”所发出的吼叫，连几乎与世隔绝的小山村也能“听”到。人体忽冷忽热叫“打摆子”；经济体系忽冷忽热叫“通货膨胀、通货紧缩”。那么，货币金融和通货膨胀、通货紧缩之间到底有什么关系呢？

前文有提及国民经济核算体系的三组指标，这三组指标从实体经济角度来判断一个国家的总体经济状况，也就是从生产、消费和净出口的角度来考察经济。这就好比做体检，首先要测量身高、体重等。而要通过体检判断一个人的身体状况，除了测量身高、体重等外部指标外，还需要测量心血管和内分泌等内部指标。考察一个国家的总体经济状况也是如此。

下面我们继续讨论另几组指标。它们从货币和金融的角度来考察一个国家的经济体系。要知道，经济体系是一个复杂的体系，就像我们的身体一样。我们的身体有骨骼系统和肌肉系统，也有循环系统和内分泌系统。从生产、消费、净出口的角度考察经济体系，就好比从骨骼系统和肌肉系统的角度考察我们的身体状况；从货币和金融的角度考察经济体系，就好比从循环系统和内分泌系统的角度考察我们的身体状况。

第一组指标就是我们非常关心的物价指数。平日里，我们经常会评估物价是否上涨，或判断物价是否会上涨，而这主要需要观察两个指标。第一个指标是消费者物价指数（Consumer Price Index，CPI）；第二个指标是生产者物价指数（Producer Price Index，PPI）。

CPI 衡量的是最终消费品的价格及其涨幅，这是作为个人消费者的我们最关心的事情。比如，猪肉、羊肉、牛肉、鸡蛋、蔬菜、水果、衣服、鞋子、手机、电脑、化妆品等的价格都包含在 CPI 里。目前，中国公布的 CPI 篮子里有 600 多种商品，但涵盖得仍然很不完整，因为实际上人们日常消费的商品可能超过几万种，甚至十几万种。每个国家的统计部门都要定期公布 CPI。比如，2021 年下半年美国 CPI 涨幅超过 7%，引发全球关注。这一涨幅是自 1982 年以来 CPI 的最高涨幅，很多人担心美国会出现严重的通货膨胀，所以美联储才会下决心实行紧缩性货币政策，要缩表、加息。

PPI 衡量的是企业生产所需的各种原材料的出厂价格，或者说上游产品的出厂价格。PPI 包括各种原材料，如钢铁、矿石、石油、天然气、煤炭等。2021 年，全球大宗商品尤其是石油、煤炭、天然气和其他能源产品，以及工业金属类产品的价格大幅上涨，很多国家的 PPI 涨幅超过两位数。

通常，PPI 上升一段时间后，比如两三个季度后，就会传导给 CPI，引发 CPI 的上涨。所以我们可以看到，美国制裁伊朗或者俄罗斯，就会引发石油供应紧张的问题，进而导致油价上涨。油价上涨，首先影响的就是生产企业的原材料价格。而生产企业的原材料价格上涨必然会传导给最终消费品，蔬菜、大米、猪肉、羊肉、牛肉、鸡蛋、水果等的价格就会上涨。所以说，PPI 和 CPI 之间有非常紧密的关系。

总之，CPI 和 PPI 是判断一个国家的物价水平是否稳定的一组非常重要的指标，也是人们关心的一组重要经济指标。

第二组指标包括 M0、M1、M2，用来衡量货币供应量，以及社会信贷总额。这些指标听起来可能有点陌生，简而言之，M0、M1、M2 就是经济体系中的货币和信贷血液，也就是经济体系中货币和信贷血液在不同层次的总量。M0 通常指流通中的货币，即在银行体系以外流通的货币。M1 为狭义货币供应量，即“M0+ 活期存款”。M2 为广义货币供应量，即“M1+ 银行与储蓄机构的定期存款 + 投资于货币市场共同基金的货币”。

人体如果机体供血不足，人就会没有力气，易患各种缺血的疾病；而经济体系中的货币和信贷如果供应不足，经济活动就会非常萎靡，甚至出现衰退和萧条。反之，如果机体供血太多、太猛，人也会患其他疾病；经济体系也一样，如果货币和信贷的供应量太大、太猛，那么经济体系也会出现各种问题，比如通货膨胀、经济过热等。只有当 M0、M1 和 M2 所构成的货币供应量和实体经济配合得非常适宜时，经济体系才能顺畅运行。所以，中央银行的主要职责就是通过货币政策和信贷政策来调控 M0、M1 和 M2。

第三组指标是社会融资总额，也叫作社会融资总量。简单地讲，社会融资总额就是各个银行为企业、政府和个人提供的各项贷款，企业和政府发行债券获得的各项融资，以及企业从股票市场首次公开募股（Initial Public Offering，IPO）和定增获得的各项融资的总和。换句话说，就是货币金融部门这个经济体系的造血部门为实体经济输送的血液总量。这一经济血液是循环流动的，时刻处于变化中，这一点与人体的心脏为身体供血的机制比较像。如果贷款或社会融资太少，很多企业就会感到融资难、融资贵，没有资金进行生产经营；如果个人无法靠借钱来缓解暂时的困难或者无法获得按揭贷款，个人消费就会严重不足。如此一来，经济活动就会非常萎靡。但是如果信贷过多，大家都热衷于借钱去投资或消费，就会出现经济过热。货币信贷洪水漫灌，就会导致经济的泡沫化，进而引发严重的通货膨胀和资产价格泡沫。所以，社会融资总额是衡量整个经济体系是否健康的一组非常重要的指标。中国人民银行每个季度的货币政策执行报告都会发布这些数据，这些数据是经济学者分析经济活动的重要信息来源。

第四组指标称为金融资产指标或金融财富指标，包括各项金融资产的市值。金融资产主要分为三大类，分别是股票、房地产和债券，这三大类金融资产是大多数投资者都会投资的主要金融资产。判断一个经济体系的金融资产，或者说总财富到底有多少，主要看房地产市值、股票市值和债券市值，以及银行存款。经济学者通常会用上述四个数据的总和来衡量一个国家或经济体的财富总量。这种做法虽有一些道理，但也有严重的缺陷，我们在后文中会谈到。这里有一个基本的哲学问题：财富到底是什么？可以肯定地说，经济学者所讨论的财富，只是我们人类财富的一部分，甚至可能只是一小部分或不太重要的部分。任泽平团队和新湖财富联合发布的《中国财富报告 2022》数据显示，2021 年，中国居民财富总量达到 687 万亿元，其中全国住房市值达到 476 万亿元。随着经济的增长，居民收入不断增加，很多人的财富都体现在所买的房产、股票、债券、银行理财产品或者银行存款上。所以，有了这组指标，就可以判断一个国家或经济体到底有多少财富，以及这些财富是怎样分配的。

有了以上几组指标，我们就能够对宏观经济有一个大体上的了解。下面我们会具体分析这些指标是怎样构成的，以及如何运用这些指标来分析经济体系的趋势。需要指出的是，仅仅依靠上述几组宏观经济指标来考察经济体系是不行的。经济体系是一个复杂体系，任何复杂体系都有多个考察视角，以及很多组指标。前文提及的那几组指标，原则上也可以继续细分下去，并且还可以从多个维度来进行分析。比如，GDP 的地区分布——广东、浙江、上海、北京等地各有多少；GDP 的行业分布——第一产业、第二产业、第三产业分别是多少；GDP 的企业贡献度分布——国有企业、民营企业、外资企业、合资企业各贡献多少，等等。又比如，银行贷款可以按银行占比来划分——国有大型银行占多少，全国股份制商业银行占多少，中小城市商业银行和农村商业银行占多少；可以按借款人来划分——国有企业获得多少贷款，民营企业获得多少贷款，外资企业获得多少贷款，合资企业获得多少贷款；可以按贷款期限来划分——短期贷款有多少，中期贷款有多少，长期贷款有多少，等等。再比如，居民人均可支配收入可以按中高低收入人群、地区、个人所得税档次等来划分；政府税收收入可以按纳税主体来划分——国有企业贡献多少、民营企业贡献多少、外资企业贡献多少、合资企业贡献多少，可以按税种来划分——个人所得税贡献多少、企业所得税贡献多少、增值税贡献多少、股票交易印花税贡献多少等。

事实上，只有将上述指标不断细化或细分，我们才能逐渐掌握经济体系的真实情况。经济学者需要努力培养细化或细分数据的能力，或者从一个新的角度来分析数据的能力。

如何预测经济体系趋势

为什么要对经济体系的未来趋势做出预测呢？理由非常简单，因为我们人类的行为、决策和行动，都是面向未来的。无论是政府的工作、企业的经营，还是个人的投资理财，其实都需要对未来做出预测。比如，每年的政府工作报告需要对未来一年，甚至几年的工作做出部署。为此，政府需要对宏观经济指标做预测。例如，2019 年政府工作报告将当年中国 GDP 增长预期目标确定为 6% ～ 6.5%。这个区间其实就建立在政府对 2019 年宏观经济的预测基础之上。

很多企业也要对外发布未来一年或几年的收入和利润的预测报告。上市公司则是一定要发布这些报告的。另外，商业银行和其他金融机构对全年的收入和利润，也要发布预测报告。这些预测报告的基础都是对宏观经济的预测。

在个人投资理财方面，有经验的投资者也需要对未来的经济形势做出预测。只有对未来经济形势做出明确预测，机构和个人投资者才能够做出投资决策。比如，今年是多买入股票，还是多买入债券，抑或是投资房地产。其实这些都取决于机构或个人投资者对经济增速、消费、投资和净出口等宏观数据做出的判断。

明白了预测经济体系趋势的重要性之后，接下来的问题就是如何预测，这其实是宏观经济学需要回答的最基本、也最重要的问题之一。预测宏观经济趋势可以很简单，也可以很复杂，但基本方法是一样的，就是应用国民经济核算体系，即“GDP/GNP= 投资 + 消费 + 净出口”来预测。这里的净出口是指出口和进口的差额。投资、消费和净出口，通常也被称为拉动经济增长的“三驾马车”。

我们可以将 GDP 分解，看消费、投资、净出口对 GDP 的贡献分别是多少。比如，2021 年的中国 GDP 中，消费的贡献为 65.4%，投资的贡献为 13.7%，净出口的贡献为 20.9%，这表明当前拉动中国经济增长的主要是消费。接下来是预测消费、投资和净出口这“三驾马车”在未来的增长趋势。比如，如果某一年消费对 GDP 的贡献达到 70%，同时预测次年消费的增速是 8%，那么次年消费对 GDP 增长的贡献就会增加 5.6%，再加上投资和净出口的贡献，就可以得出次年 GDP 或者经济增速的基本态势。

既然要通过预测投资、消费和净出口对 GDP 的贡献来预测经济体系趋势，就要了解投资、消费和净出口本身是如何变化的。也就是说，在预测经济体系趋势时，非常重要的任务就是要分析投资、消费和净出口的增长是由哪些因素决定的。所以，预测经济趋势，就需要不断细分。比如，通常可以把投资进一步分为制造业投资、房地产投资和基建投资三大类，那么在预测投资在未来的增速时，就需要分别预测制造业投资、房地产投资和基建投资的增速。要预测这三大类投资的增速，就要进一步细分。比如，制造业投资可能涉及几十个产业种类，如机电、汽车、电子、造船、手机、机床等；房地产投资包括很多种类，如住宅投资、写字楼投资等；基建投资包括很多种类，如铁路投资、公路投资、地铁投资等。这些细分后的种类，都需要分别预测增速。所以，经济趋势预测实际上是一个不断细分的过程，可以说，分得越细，预测就越准确。

以上是对投资而言，对消费也是如此。通常来讲，人们的消费分为衣、食、住、行四大类。为了预测整体经济趋势，就要对衣、食、住、行的每一个门类，做出尽可能准确的预测。对老年人服装、中年人服装、青年人服装、儿童服装等服装消费，对牛奶、大米、鸡蛋、蔬菜等食物消费，还有对住宅消费、汽车消费、旅游消费等，都要做出预测。要预测消费的增速，就要对消费进行非常细的分类，并对每一个分类的增速做出预测。

净出口也是如此。要预测净出口的增速，就要对一个国家的主要出口市场做出预测。例如，2018 年中美贸易摩擦开始后，2019 年第一季度，中国对美国出口下降了 13.9%。按这个趋势，就要相应地调整中国全年净出口增速。

总结一下，经济趋势预测就是把拉动经济增长的“三驾马车”细分成不同的种类，然后预测不同种类的增速，最后加总，这样就形成了对整体经济增速的预测。这个过程非常复杂，这也是政府部门、金融部门和企业都会聘请众多经济学者来做这方面工作的原因。

细分之后就是分析和预测，经济学者此时往往要借助数学模型。数学模型就是一组数学方程式，根据一些参数来求这组数学方程式的解。这个解就是预测的结果。比如，我们要预测经济增速或者 GDP 增速，首先就要写出关于 GDP 的函数，该函数主要有三个自变量——投资、消费、净出口；然后写出投资、消费、净出口的相关函数；如此细分和类推下去，就会有很多个函数。做经济趋势预测，就需要对这些函数同时求解。

美国著名经济学者劳伦斯·克莱因，是大名鼎鼎的经济学家萨缪尔森的得意弟子。克莱因毕生研究宏观经济模型，并致力于用模型对美国经济和世界经济做出预测。他曾经构造了一个庞大的世界经济预测模型系统（Project Link），并因此获得了 1980 年诺贝尔经济学奖。

经济体系趋势为何难以精准预测

如前文所说，经济体系类似于生命体系，无时无刻不处于动态演化之中，不说五年、十年、数十年之后的事情，就是明天的事情也往往很难预测。谁能预测到新冠肺炎疫情在2020年突然席卷全球，让全球经济几乎完全停摆？谁又能预测到原本以为几个月就会结束的新冠肺炎疫情到2022年竟然还在持续？

20世纪40年代后期，英美（主要是美国）一些年轻的凯恩斯主义拥趸，利用凯恩斯《就业、利息和货币通论》构造的宏观经济学模型预测第二次世界大战后的世界经济形势。根据他们的预测，第二次世界大战后全球经济将陷入长期萧条，因为总需求会严重不足。这听起来似乎很有道理。当时整个欧洲和日本几乎被战争毁灭，经济凋敝、饿殍遍野，哪里会有强劲的消费需求和投资需求呢？但后来的事实证明，这些自称凯恩斯主义者的经济学者错得一塌糊涂。第二次世界大战后，全球经济（主要是实行市场经济的西方世界和日本）迎来了有史以来最强劲的复苏和增长。

美国联邦储备委员会（以下简称"美联储"）前主席艾伦·格林斯潘[①]在他的回忆录《动荡年代：勇闯新世界》（*The Age of Turbulence: Adventures in a New World*）中就直截了当地说，他在做货币政策决策时从来不参考美联储那些研究经济数学模型的经济学者的所谓预测。这真是令人意外的说法！要知道，美联储系统有多达数千名经济学者，他们天天忙着收集数据、做统计工作和经济预测。但格林斯潘做决策时居然完全不理会那些经济数学模型的计算和推测，而主要靠自己发明的一套办法，这真是对经济学者和经济学的一记响亮的耳光。

① 艾伦·格林斯潘被认为是美国国家经济政策的权威和决定性人物。讲述其个人传奇历程的《格林斯潘传》中文简体字版已由湛庐策划、浙江人民出版社于2019年出版。——编者注

全球最重要的金融机构国际货币基金组织（IMF）和世界银行拥有数千名名校毕业的经济学博士，如果经济体系的趋势能够预测，那么这些经济学博士一起努力，应该能预测到极其精准的程度。然而实际情况怎样呢？也是一塌糊涂。例如，2008 年金融海啸前夕，IMF 发布了《全球经济展望》报告，该报告宣称全球经济正处于强劲增长阶段，金融体系总体稳健，诸如此类，可谓言之凿凿。然而很快美国“两房”[①]就惊爆天雷，深陷危机，美国政府不得不施以援手。紧接着雷曼兄弟公司宣告破产，一大拨金融机构跟着纷纷倒下，金融海啸汹涌而至。

据说克莱因利用前文提到的模型做出的预测，在 20 世纪 60 年代颇为有效和准确，因而在全世界声名大噪。但是到了 20 世纪 70 年代，美国经济陷入了滞胀的深渊，克莱因的预测结果开始错得离谱，于是逐渐就没有多少人相信那些复杂无比的模型了。

1974 年，卢卡斯写了一篇文章《计量经济政策评价：一种批判》（*Econometric Policy Evaluation*），并于文章中指出用静态数学模型预测经济趋势的方法根本就行不通，因为人们对未来的预期每时每刻都在变化，而静态数学模型无法将人们对未来预期的变化纳入进去，所以无法计算人们预期的变化。卢卡斯的这篇批评文章后来被人们概括为“卢卡斯批判”。

此外，许多突发事件可能会改变世界经济的走向，如 2020 年初突然暴发的新冠肺炎疫情，给全球经济带来严重冲击。我认为经济趋势本质上是无法预测的。人们之所以每年、每个季度，甚至每周都在预测经济趋势，不是因为预测准确，而仅仅是因为我们需要通过预测来指导未来行动的方向。预测虽然不准，但还是需要。

---

① 美国“两房”指的是联邦住房抵押贷款公司（简称“房地美”）和联邦全国抵押贷款协会（简称“房利美”）。

说经济体系的趋势无法预测，至少无法像物理学家预测自然现象那样精准，其实一点儿也没有降低经济学地位的意思。但我认为，一些经济学者坚称自己能够预知未来，不过是一厢情愿。实际上，经济学者应改变思维方式，从动态演化的角度来研究经济体系，就像从动态演化的角度研究生命体系一样。

如何通过“三驾马车”分析法了解宏观经济趋势

有一次，麻省理工学院的一名学生请教萨缪尔森如何才能成为一名优秀的经济学家。萨缪尔森脱口而出：“学一学鹦鹉。”学生一脸茫然。萨缪尔森说：“连鹦鹉都能学会供给和需求这两个词。你只要学会这两个词，就能成为一名合格的经济学家了。”这虽然是开玩笑，但也有一些道理。一名真正懂得分析供给和需求的经济学者，一定是一名不错的经济学者。

麻省理工学院经济学派主张政府干预，信奉凯恩斯主义；而与之分庭抗礼的芝加哥大学经济学派主张自由市场竞争，信奉经济自由主义，那里也流传着类似的故事。20 世纪 60 年代之后，经济学中的“交易费用”概念风靡天下，经济学圈子中言必称交易费用。有一次，几名经济学者在公园里一起喝咖啡聊天，看见一只猴子在爬树。其中一人问道：“大家认为猴子为什么会爬树？”众人答道：“因为要节省交易费用。”

经济学中的很多概念和方法都有一点“鹦鹉学舌”和“猴子爬树”的味道。它们都有某种用途，能够解释一些现象，但也有局限性，因此对它们的应用不能绝对化和过于执着。宏观经济学中的“三驾马车”分析法也属于此类。有些经济学者不赞同“三驾马车”分析法，认为这一分析方法比较粗糙，有时还会引起误解。我同意这些经济学者的观点，在后文也会分析为什么“三驾马车”

分析法比较粗糙。但是，对于初学者而言，掌握“三驾马车”分析法，是了解宏观经济趋势的一个非常方便、直接、重要的方法。

“三驾马车”分析法，其实源自前文提到的GDP恒等式，即“GDP= 投资 + 消费 + 净出口”。无论从结果来看，还是从拉动经济增长或GDP增长的因素来看，这个恒等式都是非常重要的。

要分析“三驾马车”中第一驾马车的增速怎样，就要了解投资的各个构成部分的增速怎样。前文已经说过，投资主要分为制造业投资、房地产投资和基建投资这三大类。从目前中国的经济情况来看，在这三大类投资中，制造业投资已经不太可能实现高速增长了。原因非常简单，经过40多年的改革开放和发展，中国制造业的很多门类，如煤炭加工、钢铁、水泥、电解铝、光伏、汽车、电子等产业的产量已经居于世界首位，出现了产能饱和，甚至是比较严重的产能过剩。比如，国家统计局的数据显示，2019年，中国的钢铁产能已经超过12亿吨。12亿吨是一个什么概念呢？同年全世界的钢铁需求量不到18亿吨，也就是说，中国的钢铁厂如果全部满负荷生产，整个中国的钢铁产量差不多就能够满足全世界的需求。2019年，中国市场的汽车产销量已逾2 500万辆，居于世界首位。可以说，中国很多城市的汽车保有量都已经达到一个很高的水平，汽车也出现了产能饱和，甚至是产能过剩。光伏、水泥、造船等产业，也都存在这样的问题。所以，中国制造业投资未来会维持一个比较低速的增长，或者说个位数增长。

过去十来年，房地产投资有很长一段时间维持两位数的增长。所以，全国几乎每一个城市都能看到高楼林立、大兴土木的景象。这就是这些年房地产投资突飞猛进、快速增长的结果。但是，整体上中国房地产已经出现了过剩。所以，从这个意义上来讲，房地产投资在未来也不可能再持续快速增长。

基建投资，特别是高铁投资、高速公路投资、轻轨投资、地铁投资、桥梁投资、隧道投资等，在2012—2016年都是呈两位数增长。这类投资现在仍然维持比较高速的增长。这是因为，中国现在还有大量的基建投资空间。在广大的农村地区，给排水系统、卫生系统、交通系统等，仍然需要大力建设。

从以上分析可以看出，推动中国经济增长的第一驾马车，也就是投资，整体上仍会维持比较不错的增长。但是这一增长主要来自基建投资和高质量增长的制造业投资，而不是来自普通、传统的制造业投资。传统制造业基建基本上已经完成，房地产投资也会呈现一个缓慢增长的态势。

第二驾马车是消费。消费是拉动经济增长的一驾越来越重要的马车，特别是在中国消费升级之后，这一趋势会越来越明显。

新中国曾经经历过五次消费浪潮。第一次消费浪潮出现在20世纪80年代初期，当时的消费是为了解决温饱问题。第二次消费浪潮出现在20世纪80年代后期和20世纪90年代初期，很多消费者在解决了温饱问题后，开始纷纷购买电视、冰箱、洗衣机等提升生活质量的商品。第三次消费浪潮出现在20世纪90年代的信息消费领域，消费者开始购买BP机，后来逐步购买移动电话、电脑，以及网络服务。第四次消费浪潮出现在20世纪90年代中期的汽车领域，这次浪潮使中国成为汽车消费大国。第五次消费浪潮出现在房地产领域，始于1998年前后的住房制度改革，自2005年起，消费者见证了房价的飞涨。

面向未来，消费这驾马车会怎样变化呢？关键就在于消费的升级换代。原因是，现在有越来越多的消费者去追求产品和服务的质量，追求高质量的医疗、教育、文化、娱乐产品和服务等。比如，过去几年中国电影院的院线收入飞速增长，说明消费者对高质量文化产品的需要很迫切。中国居民出国旅游的需求也增长得非常快，这说明消费者都希望拥有高质量的生活。在这种趋势下，如果能够将消费者对消费升级的需求，转化为对国内市场的需求，就可以强劲地拉动中国国内经济的增长。所以说，升级换代后的消费，会成为拉动未来中国经济增长的一驾非常重要的马车。

第三驾马车就是净出口。自2001年加入WTO后，中国的净出口增速一直保持高位，是拉动中国经济增长的一驾非常重要的马车。但是截至2021年，中国已经是世界上120多个国家和地区的第一大贸易伙伴，进出口总额已经接近全球贸易份额的14%，这个量已经不可能再快速增长下去了。所以，第三驾马车的增速在未来肯定会放缓。面对美国挑起的中美贸易摩擦，中国提出了国内国际双循环的发展模式，这说明中国主要依靠净出口的经济增长模式需要转变。

在投资和消费这两驾马车上，中国能够出台的政策还有更多；而出口的市场在海外，面对一些实行贸易保护主义的国家，中国暂时也无法采取有效措施。可以说，掌握了“三驾马车”分析法，就能够很好地分析中国经济未来的增长点在哪里，未来要维持中国经济比较高的增速，可以在哪些方面发力。

GDP到底是什么

据说凯恩斯有一个创造GDP和就业岗位的“鬼点子”，那就是政府先雇人将巨额钞票埋进一个很深很深的坑里，然后再雇人将那些钞票挖出来，谁挖出来的就归谁。这样既创造了就业岗位，也增加了收入，还能刺激消费。你认为这有道理吗？可行吗？

人们调侃GDP的段子还有很多。其中有一个是这样说的：政府为了增加GDP，先雇人在平整的马路上到处挖坑，再雇人将那些坑填起来。GDP这个宏观经济学中最重要的概念就那么不堪吗？它到底有多少科学性呢？它到底能不能衡量一个国家的经济实力和财富总量呢？

可以说，整个宏观经济学都是围绕一个基本概念展开的，这个基本概念就是 GDP。之所以这么说，是因为实行各种宏观经济政策，如财政政策、货币政策、信贷政策、产业政策、出口政策等，都是为了推动经济增长，也就是推动 GDP 增长。

现在很多人都喜欢讨论税制改革，很多企业家特别是民营企业家认为税太重，希望进一步减税降负。减税降负的本质是什么呢？其本质其实就是对国民收入分配结构进行调整。企业缴的税少了，利润自然就会增加，员工的收入也可能会相应增加；政府税收降低了，那么政府的支出就会相应降低，这就要求政府缩减开支，精减公务员队伍等。减税政策本质上就是对 GDP 分配结构的调整。所以说，所有宏观经济政策的最终指向和最终目的，都是围绕 GDP 来展开的。

人们讨论世界各国的经济政策，特别是对比各国的经济实力时，往往也会用 GDP 这个指标。比如，目前全球第一经济大国是美国，这主要是因为其 GDP 总量排世界第一。2021 年美国 GDP 是 23 万亿美元；中国排名第二，GDP 是 17 万亿美元；第三名是日本；第四名是德国。全球经济排名的主要指标就是 GDP。

早在 19 世纪末期，美国的经济总量就已经超过英国，成为全球第一经济大国。这个地位美国一直维持到现在，已经有 100 多年。2010 年，中国超过日本，成为全球 GDP 排名第二的国家，也就是全球第二大经济体。由此可以看出，我们现在讨论全球经济形势，对比各国经济实力，也主要用 GDP 这个指标。当今世界，有一些人喜欢去预测什么时候中国 GDP 会超过美国，成为全球第一经济大国。有人认为，美国特朗普政府于 2018 年挑起中美贸易摩擦，一个主要原因就是担心中国 GDP 超过美国，成为世界第一大经济体，所以美国要未雨绸缪，通过贸易摩擦来遏制中国的快速崛起。

由此可以看出，GDP 是宏观经济学中一个最核心的概念。在讨论宏观经济学时，一定要牢记：GDP 始终是宏观经济学和宏观经济政策讨论的焦点和核心课题。

我们知道，一个国家的经济构成是非常复杂的，包含很多地区、很多部门、很多人。那么，怎样才能通过统计来获得 GDP 的数值呢？

经济学者经过多年的研究，才找出一个方法，即应用前文讲的国民经济核算体系进行计算。英国著名经济学家凯恩斯和他的同事是最早开始研究国民经济核算体系的，后来在一些经济学者的共同努力下，最终形成了一套比较完整的国民经济核算体系和国民经济核算方法。这个核算方法实际上采用了经济学的基本原理。这个经济学基本原理是什么呢？就是将经济分成供给和需求。有供给必然有需求，有需求必然有供给。企业生产产品，是在供给；消费者购买企业的产品，是在解决需求。供给和需求反过来就可以转化为收入和支出。在复杂的经济体系中，只要有收入，就一定有支出。一方的支出表现为另一方的收入。比如，华为公司卖出手机，形成它的收入；消费者购买华为手机，形成消费者的支出。政府卖地，形成政府的收入；房地产公司买地，形成房地产公司的支出。所以，经济活动中有支出，就一定意味着有收入，有收入也一定意味着有支出。国民经济核算体系正是基于这个基本原理设计出来的。

因此，GDP 的核算方法有两种，分别是支出法和收入法。这里我们主要为大家介绍一下收入法，也就是在计算一个国家的 GDP 时，把经济体系所有部门的收入全部加起来。如前文所述，一个国家的经济体系可以分成三大类：第一类是政府；第二类是企业，包括国有企业、民营企业、外资企业和合资企业；第三类是居民。这三大类的收入就构成了 GDP。

比如，2018 年中国 GDP 是 92 万亿元，那么这 92 万亿元是怎样计算出来的呢？先来计算政府财政收入，政府财政收入主要包括税收收入和非税收收入。2018 年政府税收收入大约是 15.6 万亿元，非税收收入大约是 2.7 万亿元，这两项加起来约为 18 万亿元，也就是这一年的是政府财政收入。再看居民，国家统计局的数据显示，2018 年中国居民人均可支配收入约为 3 万元。2018 年中国约有 14 亿人，那么中国居民可支配收入大约是 42 万亿元，加上政府财政收入 18 万亿元，就达到 60 万亿元。剩下的 32 万亿元主要是企业的收入，其中包括内资企业和外资企业的收入。所以，一个国家的 GDP 就是由这三大类收入加总算出来的。收入法和支出法在原则上是完全对等的。要分析宏观经济，了解收入法就够了。

此外，通过收入法我们还能深刻地分析现在社会上的各种问题。比如，如果要减税降负，就要将政府税收收入降下来。要想分析应采取什么措施来降，就要先分析政府税收收入的结构。如果要增加居民可支配收入，就要分析居民可支配收入的结构，居民可支配收入包括工资、奖金，以及各种福利方面的转移支付等。通过分析居民可支配收入的结构，我们才能知道要提高居民收入应该从哪些方面入手。了解了收入法的计算方法，就能够很好地分析一个国家的经济结构问题，由此就可以预测未来经济趋势。

那么，GDP 指标能否准确地衡量一个国家的整体经济呢？答案是否定的。无论 GDP 多么重要，它也不是完美无缺的。事实上，我们很多的经济活动是无法被纳入 GDP 中的。比如，很多人在家中从事的一些工作也能创造财富，也很重要，但是无法被纳入 GDP 中。另外，还有一些灰色经济或地下经济活动，从事者逃避监管、纳税，隐瞒不报，所以也无法被纳入 GDP 中。

GDP 指标还有一个重大问题，那就是无法衡量经济增长或者财富的质量，这就是不少人喜欢说的含金量不明确。前文所讲的几个关于 GDP 的段子，其实就指出了某些所谓 GDP 并没有形成真正的财富。盖好了却一直没有人住的房子、没有车跑的高速公路、刚竣工就已经技术落后被淘汰的汽车制造厂等，虽然被政府统计部门计入了当年的 GDP，但其实并没有形成真正的财富。经济学者对此感到很纠结，一直试图想办法解决，但是至今仍没有找到一个令人满意的办法。所以，对于 GDP，大家要理性对待，要重视但不迷信。

GDP 能准确反映国家间经济实力差距吗

法国政治家弗朗索瓦·巴贝－马布瓦在《1829 年的路易斯安那》一书中讲了这么一个故事。

1803 年 4 月，法兰西第一帝国皇帝拿破仑·波拿巴指示外交大臣夏尔·莫里斯·德·塔列朗－佩里戈尔（Charles Maurice de Talleyrand-Périgord），出售北美殖民地路易斯安那的全部土地。拿破仑宣布："我放弃了路易斯安那，不仅要转让新奥尔良，整块土地都要毫无保留地转让。我了解我放弃了什么……我极为遗憾。但是顽固地坚持重新夺回它是愚蠢的。"拿破仑的顾问们提醒这位不可一世的军事独裁者，他的决定可能为美利坚合众国的崛起打下坚实的基础。拿破仑却认为这种担忧太过遥远。他说："在两三个世纪之后，美国对欧洲来说可能会过于强大……但如此遥远的忧虑我无意顾及。"拿破仑当时面临的主要挑战是对付大不列颠联合王国。结果我们都知道，拿破仑输了，而且输得很惨。

新生的美利坚合众国只花了 1 500 万美元——大约相当于今天的 3 亿美元，就从拿破仑手上买到了面积超过 200 万平方千米的肥沃土地，使自身国土面积翻倍。那广阔的土地从密西西比河延伸到落基山脉，从加拿大边界延伸到墨西哥湾。后来的历史证明，拿破仑的判断错了：美国成为世界强国，根本不用两三个世纪的时间。在拿破仑垮台之后不到 80 年，美国就超过英国，成为世界上最强大的经济体。当时美国的 GDP 甚至超过其后三个国家——英国、德国和法国的 GDP 之和，这个地位一直维持到 21 世纪初期。

拿破仑年轻时博览群书，当他读到有关中国的介绍时，写下了那句广为流传的名言：中国是一只沉睡的狮子，当这只睡狮醒来时，世界都会为之发抖。历史确实验证了拿破仑的这句预言。1978 年邓小平提出的改革开放这一伟大创举使中国这头睡狮醒了过来。并且只用了不到 40 年的时间，中国就成为 GDP 排名全世界第二的经济大国。

我们可以说，21 世纪决定世界格局的一个基本问题，就是中美之间的竞争。具体来说，就是中国 GDP 何时超过美国，以及中国 GDP 超过美国意味着什么。全世界有很多学者都试图回答这个问题。

在这里，我们谈论一下通过 GDP 这个指标，能否准确地反映中美之间经济实力的差距，以及如何客观地认识中美之间经济实力的差距。

在 1894—2021 年这 100 多年的时间里，美国一直都是世界第一大经济体，GDP 居全球第一。2018 年美国特朗普政府挑起中美贸易摩擦，理由之一，甚至可能是最重要的理由，就是担心中国 GDP 会迅速超过美国，成为世界第一大经济体。这就迫使大家思考这样一个问题：中美之间经济实力的差距究竟有多大？这个问题不仅是一个引人关注的话题，而且是一个非常重要的关乎政策方面的问题。对中国而言，我们要思考的问题主要有：（1）我们应如何客观、理性地判断中国的经济实力；（2）我们应如何客观、理性地看待美国的经济实力；（3）在对中美两国经济实力做出客观、理性的判断后，我们应如何客观、理性地看待中国 GDP 什么时候能够超过美国，以及超过的意义是什么。

从静态数据来看，2018 年美国 GDP 是 20.5 万亿美元，而中国 GDP 是

13.6 万亿美元（约合人民币 92 万亿元）。那么，也就是说，如果单纯以 GDP 来衡量，中国和美国的差距大约是 7 万亿美元。至于这个差距是否可以准确反映中美之间经济实力的真实差距，需要我们谨慎看待。

首先，两国之间 GDP 的计算和对比是一种基于汇率的折算。比如，2018 年中国 GDP 92 万亿元，按照当时美元兑人民币 1∶6.8 的汇率折算，约为 13.6 万亿美元。但是，有经济学者指出，中国资本账户没有实现自由兑换，中国的汇率从某种意义上来说是一种有管理的汇率，所以这种计算并不准确。如果中国资本账户实现自由兑换，那么美元兑人民币的汇率会是多少呢？还会维持在美元兑人民币 1∶6.8 的水平吗？有经济学者认为，如果中国资本账户实现自由兑换，汇率可能会达到美元兑人民币 1∶7.5 或者 8。如果汇率达到美元兑人民币 1∶8，那么中国 92 万亿元的 GDP，折算后就只有 11.5 万亿美元。这样一来，中国 GDP 和美国的差距就不是 7 万亿美元，而是 9 万亿美元了。所以，在对比中美两国 GDP 时，首先要记住，这一对比是基于汇率折算的。汇率在理论上应该是由市场决定的，但现在人民币汇率不是完全由市场决定的，所以在这方面要先打个折扣。当然，如果人民币大幅度升值，那么按照美元计算的中美两国 GDP 的差距就会大幅度缩小。如果人民币升值到 1 美元兑换 5 元人民币甚至更高的水平，那么按照美元计算，中国 GDP 就会超过美国。所以，依照汇率来折算各国 GDP 并进行比较，虽然有一定道理，也有重要的参考价值，但是并不准确。大家对此要有一个理性、客观的判断，不要太过重视，更不能迷信或盲从。

其次，关于 GDP 的质量。什么是 GDP 的质量呢？GDP 作为一个数值，其背后是产品和服务的质量，是产品和服务最终给消费者带来生活的享受。中美两国 GDP 在质量方面是有很大差距的。2018 年，中国 GDP 中占比较大的是中低端加工制造产品，以及房地产和基础设施；美国 GDP 中占比较大的是以硅谷为代表的高科技产业，以及高科技农业和军工产业，另外还有服务业。美国的服务业是非常强大的。比如，2018 年美国货物和服务贸易逆差总额接近

6 210 亿美元，但是美国国际服务贸易是顺差，接近 3 000 亿美元。由此可见，中国 GDP 的质量与美国相比是有很大差距的。

最后，我们要更加清晰地认识到，GDP 并不是衡量一个国家经济实力的最好指标，它只是部分地反映了一个国家的生产能力，不代表一个国家的财富总量水平。联合国曾经组建了一个经济学家小组，试图重新设计一套指标体系来对比各国的财富总量。他们将财富总量分成三大类。第一大类是生产性财富，也就是我们通常所说的 GDP，它涵盖制造业、房地产业、服务业等。第二大类是自然财富，如森林、矿产、饮用水等。第三大类是人文财富。人文财富主要衡量的是一个国家的教育质量及发展程度、科研质量及发展程度等。该经济学家小组曾经发布了一项研究结果：2018 年美国三大类财富的总和高达 145 万亿美元，比美国的 GDP 要高得多，而 2018 年中国三大类财富的总和只有 34 万亿美元。其中的差距在哪里？自然不在生产性财富总量，即 GDP 上——2018 年中美 GDP 的差距仅为 7 万亿美元左右。为什么换一种衡量方法，中美会有百万亿美元如此之大的差距呢？这一差距主要来自自然财富和人文财富，特别是教育、科研方面的巨大差距。但是，以生产性财富、自然财富和人文财富三大类来衡量一个国家的财富总量也不是很准确，其中人文财富的测算就非常困难，甚至几乎不可能测算。比如，哈佛大学值多少钱，北京大学值多少钱，美国黄石公园值多少钱，中国神农架林区值多少钱，等等，都无法测算，因为它们的价值无法用金钱衡量。所以对这种衡量方法，我们也要慎重对待，不能盲信。

在理解了上述指标体系后，我们应该有一个客观、理性的认识：GDP 是一个重要的指标，它能够部分地反映各国的经济实力。但切记，各国之间财富的对比还有其他更重要的方面，特别是自然、教育、科技、人文等方面，这些方面对于一个国家来讲可能更加重要。简而言之，GDP 这个指标很重要，也很有用，但它不是唯一的指标，也不是最好的指标。

GDP 能够衡量我们的幸福生活吗

据说，美国著名作家海明威和他的朋友有过这样一段对话：

朋友问："你觉得富人和我们有什么区别？"
海明威答："他们的钱比我们多。"
朋友又问："那是不是说富人比我们穷人幸福？"
海明威答："这要问他们自己了。我想他们自己也不知道。"

将上述对话中的富人和穷人换成富国和穷国，道理也是一样的。通常人们认为，富人一定比穷人幸福，否则为什么大家都要拼命成为富人呢？生活在富国一定比生活在穷国幸福，否则为什么每个国家都要努力实现经济增长呢？不过，财富总量或 GDP 确实又无法和幸福画等号，因为每个人对幸福的感受都不一样。富人有富人的幸福和不幸，穷人有穷人的幸福和不幸，这似乎都是很难准确比较的。经济学者花了很长时间研究福利经济学，并试图设计一种幸福指数来衡量人们的幸福感和国家的幸福感。这种指数虽然有一些道理，但是并不那么准确。有人讲，如果世界各国都敞开国门，任由世界人民自由迁徙，那么，人们愿意去哪个国家，就可以认为哪个国家的生活比较幸福，这叫作显示偏好。

这些简单的道理提醒我们，对于经济学很多指标的分析都不能绝对化，要理性和谨慎。GDP 指标虽然重要，但它既不能准确衡量一个国家的财富，也不能准确衡量一个国家的国民幸福感。这是经济学的问题，也是经济学的魅力。

在前文中，我们讨论了 GDP 并不是衡量各国经济实力的唯一指标，甚至也不是最好的指标。所以，在用 GDP 来比较各国之间的经济实力时，要非常谨慎：不仅要考虑汇率因素，还要考虑 GDP 质量，更要考虑 GDP 所不能衡量的其他重要财富，特别是自然财富和人文财富。现在，我们来讨论一个听起来有点虚无缥缈的问题，那就是人均 GDP 是否是衡量一个国家国民生活水平和幸福感的最佳指标。

人们通常会用人均 GDP 来判断一个国家是发达国家还是发展中国家。世界上有一个所谓的“富国俱乐部”，也就是经济合作与发展组织（OECD）。OECD 成员包括世界上绝大多数的发达国家或地区，如美国、欧盟、日本等。进入这个“富国俱乐部”的一个标准就是：人均 GDP 通常要超过 3 万美元。所以，人们通常会用人均 GDP 来判断一个国家是发达国家还是发展中国家。宏观经济学在很大程度上其实就是研究 GDP 和人均 GDP 的构成，以及它们的变化趋势和背后的影响因素的。那么，人均 GDP 是不是衡量一个国家国民生活水平和幸福感的最佳指标呢？

这个问题的答案因人而异。有很多人认为人均 GDP 能够衡量一个国家国民的生活水平和幸福感，但也有些人对人均 GDP 嗤之以鼻，认为其根本不足以衡量一个国家国民的生活水平和幸福感。这就是经济学问题的一个非常重要的特征，即既有趣，又令人困惑；因为对同一个指标，大家的看法有很大的不同。对这个问题的回答要分为几个层面。

第一个层面，就是前文已经说过的，GDP 不是衡量一个国家财富总量的最准确的指标，它只能部分地反映一个国家的财富总量。GDP 衡量的其实是一个国家的生产性财富，即一个国家的工业、服务业、农业等产业的生产能力，GDP 很难衡量一个国家的自然财富和人文财富。而一个国家国民的生活水平和幸福感，在很大程度上不仅取决于物质财富，更取决于人文环境和自然环境。对满足了基本温饱需求的居民来说，优美的自然环境、清洁的饮水和和谐的居住环境，在生活水平和幸福感方面可能比物质财富更加重要。这些是 GDP 完全无法衡量的。所以，在讨论 GDP 时，必须将这些因素牢记在心。

第二个层面，GDP很多时候无法衡量一些真正重要的生活服务。比如，在一个家庭中，父母因为忙于工作平日无法照顾孩子，祖父母或外祖父母帮忙照顾孩子的服务，就是非常珍贵的服务，但这种服务无法纳入GDP。很多母亲在家里全职照顾孩子，这也是一种非常高的经济增加值，但往往没有被计算进GDP里去。所以，GDP没有涵盖的情况很多，而这些没有被涵盖的情况对居民的生活而言可能更加重要。

第三个层面，无论是GDP，还是人均GDP，都没有办法剔除经济发展对环境的破坏与污染。比如，房地产开发、钢铁冶炼、汽车制造等，都会对环境造成破坏和污染，化工、医药行业等对环境的负面影响尤其显著。但统计GDP时，无法将生产过程中对环境造成的破坏和污染计算进去。

很多经济学者一直在努力，希望能够设计出所谓的绿色GDP核算体系。2018年诺贝尔经济学奖得主、耶鲁大学著名经济学教授威廉·诺德豪斯（William D. Nordhaus）和1981年诺贝尔经济学奖得主詹姆斯·托宾（James Tobin）于1972年提出“净经济福利指标”，也就是所谓的绿色GDP。他们主张：将经济发展对环境的破坏和污染从GDP中剔除出去，同时加入传统被忽略的经济活动，如家政服务等，从而算出干净、绿色的GDP和人均GDP。截至2022年6月，这项工作还没有完成。GDP仍没有办法衡量经济发展对环境的破坏和污染，所以GDP这个指标是不完整的。

第四个层面，人均GDP无法反映贫富差距和收入差距问题。很多人都非常清楚这一点。比如，一讲到全国居民人均可支配收入、平均工资，人们就会说，一个“人均”就将差距完全掩盖了。实际上，对于国民的幸福感而言，收入和财富分配的相对平均是非常重要的。如果收入差距非常大、贫富悬殊非常严重，那么即使温饱没有问题，生活也过得去，国民的感受和对社会的认知，可能也是非常糟糕的。所以说，无论是GDP，还是人均GDP，都无法反映收入差距和贫富悬殊问题。

第五个层面，GDP 和人均 GDP 既不能反映一个国家国民所享受的产品和服务的丰富程度，也不能反映国民所享受的产品和服务的质量。两个 GDP 相同的国家，产业结构可以非常不同。经济学大师萨缪尔森曾在著作《经济学》里用“面包”（代表日常消费类产品）和“大炮”（代表重工业产品和投资产品）来描述一个国家产品和服务的构成：一个国家生产很多“大炮”，很少生产“面包”；另一个国家主要生产“面包”，很少生产重工业产品。这样的两个国家，即使它们的 GDP 相同，其国民的生活享受也是不同的。因此，经济政策的一个重要目标就是要鼓励科技创新和产品服务的多样性，努力实现国家经济结构的合理和均衡，既要生产“大炮”，也要生产“面包”，为消费者提供日益丰富的产品和服务。GDP 不能反映产品和服务的质量，也是非常明显的事实。有些地方盖了很多房子，可购房者一住进去就发现存在漏水、破损等各种房屋质量问题；有些工厂在生产过程中排放大量污水、烟尘等有毒物质，严重污染了环境。这些因素都是 GDP 无法衡量和反映的。

从以上这些层面可以看出，GDP 是宏观经济学中最核心的一个概念，人均 GDP 是判断一个国家的经济实力和国民生活水平的非常重要的一个概念。但是，这两个概念有非常严重的局限性。所以，在重视 GDP、人均 GDP 的同时，也要深刻地认识到它们的缺陷和不足。经济学者和其他领域的学者正在不断努力，希望能够在未来设计出一套更好的指标体系，来准确衡量一个国家的财富总量和经济实力，以及国民对生活的满意程度和幸福感。

第 2 章

增长和发展

穷人和富人的财富差距往往令人惊叹，同样，穷国和富国的财富差距也令人瞠目结舌。为什么世界上多数国家依然是穷国？穷国如何才能发展成为富裕发达之邦？自亚当·斯密的《国富论》出版以来，寻找“财富密码”，就成为经济学者梦寐以求的高远目标。

经济学者寻找“财富密码”，就像古代炼金术士寻找“点金石”和“长生药”一样，锲而不舍、孜孜以求。不同的是，一代代炼金术士历经数千年的努力也没有找到“点金石”或“长生药”，经济学者运用理性和科学思维却找到了“财富密码”。

弄清楚什么才是促进经济增长和实现富裕繁荣的根本和永恒之道，是经济学者对人类思想最重要的贡献，也是经济学思维最精彩和最迷人之处。

国富国穷的奥秘是什么

当今世界一个最突出的经济现象就是，同时存在着穷国和富国。穷国和富国的差距，可以说是天壤之别、超乎想象。比如，要加入前文提到的“富国俱乐部”，一般而言人均 GDP 要超过 3 万美元。但是，世界上还有很多国家的人均 GDP 不到 1 000 美元，甚至有些国家的人均 GDP 在 300 美元以下。非洲的布隆迪、赞比亚，亚洲的也门等世界上最贫穷的国家就是如此。而世界上最富裕的国家，如欧洲的瑞士、荷兰、挪威、瑞典、德国等，人均 GDP 早已超过 5 万美元。2021 年，欧洲小国卢森堡的人均 GDP 甚至已经超过 13 万美元。

这就引出一个非常重要的问题：是什么因素造成了各国之间的国民收入水平和经济发展水平的差距如此之大？这也就是通常所讲的国富国穷的奥秘，是经济学中最重要的问题。研究经济学最核心的目标之一，就是要理解人类经济增长的奥秘，从而能够提出一些切实可行的经济政策来帮助人类实现持续、长期的经济增长。

要回答这个问题，需要先简单地回顾一下人类经济增长的历史。经济史学家一致认为，人类社会在 18 世纪以前基本上没有什么经济增长。也就是说，在 18 世纪以前长达几千年甚至上万年的时间里，社会的经济增长是非常缓慢的。尽管东西方不同文明在漫长的时间里有一些科学创造、财富积累，但是一些经济史学家声称，在 18 世纪以前，人均国民收入要翻一番，至少需要长达 670 年的时间。所以，在 18 世纪以前，人类祖祖辈辈的生活方式和生活水平是差不多的。人类社会在 18 世纪以后才开始出现明显的经济增长。所以，人类社会的经济增长，特别是持续的经济增长是一件很“新鲜”的事情。以中国为例，中国实现持续的经济增长，是中华人民共和国成立之后，特别是 1978 年改革开放之后，才开始出现的事情。经过 40 多年的高速增长，2021 年中国人均 GDP 已经超过 1 万美元，达到 1.26 万美元；居民人均可支配收入超过 5 000 美元，为 5 446 美元。

为了解释为什么有的国家富裕、有的国家贫穷，有的国家有经济增长、有的国家没有经济增长，多年来经济学者提出了各种不同的观点。其中，有两个观点比较具有代表性。

第一个观点叫作地理决定论。地理决定论认为，世界上凡是实现了经济持续增长的国家，大多数都处在温带地区。为什么温带地区比较容易出现经济增长呢？该观点给出的理由是，温带的气候温和，比较适合农作物生长，也比较适合人们持久、长期的劳动。但是，地理决定论有很多的反例：处于温带地区的一些国家并没有实现持续的经济增长，比如土耳其、朝鲜、乌拉圭等；而处于寒带地区的很多国家却实现了比较持久的经济增长，比如北欧的芬兰、瑞典、丹麦等。所以，地理决定论无法解释今天全球经济增长的情况。

第二个观点叫作自然资源决定论。自然资源决定论认为，能够实现经济增长的国家和地区，其自然资源一定非常丰富。显然，这个观点也是不全面的。在当今世界的发达国家和地区中，有些确实有丰富的自然资源，比如美国、加拿大、澳大利亚等；但是，绝大多数实现了经济持续增长的发达国家和地区，其实并没有丰富的自然资源，比如，亚洲的日本、韩国、新加坡以及中国台湾地区和香港地区。再比如，中东的以色列几乎完全没有自然资源，但它是世界上最富创新性的国家，居民人均可支配收入也很高。另外，欧洲的很多国家，如荷兰、瑞士等，也是在没有丰富自然资源的情况下，成为发达国家的。所以，自然资源决定论也无法解释今天全球经济增长的情况。

之后，经济学者开始基于经济本身来思考国富国穷的奥秘。有的经济学者从资本、投资、储蓄的角度切入；有的经济学者从技术进步的角度来探索；有的经济学者则从制度层面，特别是私有产权保护、法治的角度来展开研究。

不过，有一个基本观点是大家都比较认可的，那就是长期、持续的经济增长，不取决于地理环境，也不取决于自然资源，而是取决于教育水平，也就是人力资本发展水平。人力资本发展水平反映受教育人群的数量和质量。所以，凡是居住在实现了长期持续经济增长的发达国家或地区的居民，其教育普及程度都非常高。这个基本理论没有反例。比如，美国、日本、欧洲等经济体，在一两百年以前就逐渐实现了大众教育的普及。今天，这些经济体仍然拥有世界上最好的大学、最好的科研机构和最好的研究部门。因此，要想实现经济长期、持续的增长，一个国家或地区就要完善教育制度，实现人力资本的积累。

人类经济增长的根本动力是什么

前文讲到，在 18 世纪以前，人类社会的经济增长是非常缓慢的。18 世纪 60 年代至 80 年代，英国人瓦特成功改良了蒸汽机，这成了人类社会进入机械化时代的标志，也拉开了第一次工业革命的序幕。中央电视台纪录片《大国崛起》这样评述：牛顿缔造了工业革命的钥匙，瓦特拿着这把钥匙打开了工业革命的大门。蒸汽机是人类有史以来最重要的科技创新之一，它将人类带入蒸汽动力时代，工业革命由此爆发，人类开始进入经济快速增长的新时代。在上一节，我们谈到经济学者发现了一个国富国穷的奥秘，即要实现长期、持续的经济增长，就要发展教育，而这个奥秘的具体表现就是历次工业革命。过去一两百年人类经济增长的历史，都被涵盖在历次工业革命中。所以可以说，经济增长来源于工业革命，工业革命来源于科技创新，科技创新则源于科学的伟大发现，而科学的伟大发现必然来源于教育和科学研究的普及。

蒸汽机、火车等的发明之所以出现，是因为英国在之前漫长的时间里，已经开始出现科技的进步和科学的发现。在工业革命之前，英国就已经出现一些著名的大学，比如牛津大学和剑桥大学等。后来，英国唯物主义哲学家培根创立了实验科学。再后来，英国著名物理学家牛顿开创了现代物理学。需要说明的是，牛顿开创的现代物理学建立在伽利略和开普勒等欧洲科学家的发现基础之上。正是这些科学知识的积累，刺激和帮助人们实现了科技的创新，而科技的创新就推动了第一次工业革命的出现。第一次工业革命在英国爆发后，逐渐扩展到其他国家。

到了 19 世纪 60 年代，科技创新的积累，特别是科学的进一步发展开启了第二次工业革命。第二次工业革命主要发生在德国和美国等国家，德国在第二次工业革命的很多产业中发挥了主导和引领作用。第二次工业革命催生了人类历史上众多的新兴产业，如电力工业、化学工业、汽车工业、石油工业等。这些新兴产业都源自科技的持续发明，而科技的发明则源自伟大的科学发现。第二次工业革命的最伟大之处是电的实际应用。电的实际应用是以英国物理家法拉第和麦克斯韦的电磁学为基础的。以爱迪生和尼古拉·特斯拉为代表的伟大发明家，以电磁学为理论基础，发明了电灯和交流电电机等伟大的电力应用。所以说，第二次工业革命中之所以涌现出人类历史上众多的新兴工具和新兴产业，正是因为教育和科学研究的普及。

第三次工业革命是以计算机、个人电脑、移动通信和互联网为代表的新型工业革命。第三次工业革命开始于 20 世纪中叶，一般认为 1946 年计算机的发明意味着第三次工业革命的开启。那么，个人电脑、移动通信和互联网是怎样诞生的呢？这些伟大的科技发明和新兴产业都来自科学的突破。比如，今天几乎每个人都在使用的个人电脑，其最核心的发明就是中央处理器（CPU），而中央处理器本质上就是集成电路，集成电路源自晶体管的发明，晶体管的发明建立在量子力学的理论基础之上。众所周知，量子力学是 20 世纪初期物理学的伟大突破。正是因为有了量子力学的突破，才出现了后来的固态电子学等科学，固态电子学的出现直接催生了晶体管的发明。今天移动互联网、人工智能中所有的芯片，都源自晶体管这个伟大的发明。1947 年，在美国电报电话公司（AT & T Corporation）下属的贝尔实验室中，威廉·肖克利（William Shockley）、约翰·巴丁（John Bardeen）和沃尔特·布喇顿（Walter Brattain）成功制造出世界上第一个晶体管，三人因此荣获 1956 年诺贝尔物理学奖。他们的发明改变了整个世界，改变了人类的生活方式。这一发明的理论基础就是量子力学，而量子力学正是欧洲、美国教育和科学研究普及的结果。

今天，人类正在经历第四次工业革命。第四次工业革命可以称作智能革命。很多人相信，未来几十年人工智能将颠覆人类的生产方式和生活方式。那么，人工智能是怎样产生的呢？人工智能也源自伟大的科学思想。麻省理工学院的两位教授，马文·明斯基（Marvin Minsky）和约翰·麦卡锡（John McCarthy）在 1956 年的达特茅斯会议上，首次正式提出了“人工智能”这一概念。他们认为，随着科学的进步，人类可以制造出一种机器，这种机器的智能会超越人类的智能。所以，明斯基和麦卡锡又被称为“人工智能之父”。在人工智能思想的指引下，再加上一代又一代科学家的不断努力，才最终实现了今天的智能革命。

在过去 300 年左右的时间里，凡是实现了长期、持续经济增长的国家或地区，如美国、欧洲和日本，无一例外都经历了一次又一次工业革命。工业革命来自伟大的科技创新，伟大的科技创新来自伟大的科学发明，伟大的科学发明则来自教育科学研究的普及。这些伟大的科学发现，有很多来自世界顶级的大学和研究机构。所以，在科技的推动下，过去几百年中人类出现了四次工业革命。四次工业革命带动越来越多的国家摆脱了贫困，进入了高收入和发达国家行列。同时，四次工业革命也以丰富的历史事实，揭示了人类经济增长的基本规律：要实现人类经济增长，必须依靠教育和科学。所以说，教育和科学是推动人类经济增长的根本动力。

英国成为“日不落帝国”

1851 年，第一届世界博览会在英国伦敦举办。英国为此专门建造了著名的“水晶宫”，后来成为伦敦一景。英国女王维多利亚亲自为博览会揭幕，世界各地的人们纷至沓来，见证了人类机器时代的这一盛典。英国作家夏洛蒂·勃朗特在写给父亲的一封信中，以她的生花妙笔记录了当时的盛况：

> 似乎只有魔力才能从地球的四面八方聚集这么多的财富；似乎要有神助才能做出这般光鲜亮丽、色彩纷呈的布置。走廊上的人流，好像被一股无形之力摄住一样。三万名观众，听不到一声喧哗，看不到一点儿不规矩的行为。人群像潮水一样静静流淌，时有低沉的嗡嗡声，就像从远处听到的海的声音。

那是英国的高光时刻。凭借第一次工业革命的神奇威力，19 世纪中期的英国成为世界唯一的工厂、唯一的大规模进出口国、唯一的货运国、唯一的帝国主义者、几乎唯一的外国投资方，而且因此也成为世界唯一的海军强权、唯一拥有真正世界政策的国家。英国能成为空前的世界级强国或“日不落帝国”，就是第一次工业革命和经济增长创造的惊人奇迹。

我们在前文中讲了人类过去几百年经济增长的历史，也就是四次工业革命的历史。现在，我们来探讨为什么第一次工业革命发生在英国。

在探讨这个问题之前，你可以想想，为什么如今我们都要学习英语。这是现代人类社会一个非常奇特的现象：世界各国都在学习英语。在中国，很多孩子从牙牙学语的时候就开始学习英语，也有家长希望把自己的孩子送到国际学校接受双语教育。

但是，在三四百年以前，英语不过是欧洲边远地区的一种方言。在很长一段时间里，欧洲的通用语言是拉丁语，之后是法语。那么英语后来为什么会成为全世界独一无二的通用语言呢？原因就在于英国在全世界产生了持久而深远的影响。国土面积不大的英国在 18—19 世纪为什么会崛起、成为大英帝国，原因就在于第一次工业革命的爆发。第一次工业革命所带来的科技进步，特别是先进科技在远洋航行和军事领域的应用，帮助英国赢得了多次战争，把它的势力范围扩张到了五大洲。在大英帝国最辉煌的时候，其统治的陆地面积甚至超过了 3 000 多万平方千米，超过英国本土面积的 100 多倍。大英帝国不仅把它的语言、文字和文化扩展到了全世界，还将篮球、高尔夫、网球等最早出现在英国的体育活动也普及到了全世界。此外，英国还把它的法律制度扩展到了全世界，形成了英美法系。由此可以看出，一次工业革命对一个国家，乃至对整个世界和人类的命运，会产生多么深刻而持久的影响。

那么，第一次工业革命为什么会发起于英国呢？

通常认为，第一次工业革命发生在英国，首先是因为英国有非常深厚的历史背景。14 世纪以后，欧洲发生了三大重要事件，分别是文艺复兴、宗教改革和地理大发现。这三大重要事件深刻地改变了整个欧洲的政治、思想、文化、教育，为后来的第一次工业革命奠定了基础。

具体到英国，16 世纪以后，受欧洲三大重要事件的影响，英国出现了三次非常重要的革命。第一次革命是英国的宪政革命。长期以来，欧洲都是君主专制政体。在英国，经过了漫长的历史演变后，1688 年出现了著名的“光荣革命”。“光荣革命”在人类历史上第一次建立了君主立宪制。君主立宪制的本质是约束国王的权力、树立人民主权、实现事务上的共和主义。当时，英国的议会主要由新兴资产阶级的杰出代表组成。“光荣革命”建立君主立宪制之后，资产阶级的利益，也就是私有产权得到了比较妥善的保障，这也推动了人们去追求科学进步和经济增长。第二次革命是科学思想革命。科学思想革命以牛顿创立的现代科学为杰出代表。在牛顿之前，培根以及其他很多科学家，包括欧洲大陆的一些科学家也为科学思想革命做出了突出的贡献。科学思想革命激发了一代又一代科学家去不断深入研究自然规律。尤其是英国的两所大学——剑桥大学和牛津大学，在科学发展的过程中发挥了不可替代的巨大作用。第三次革命是金融革命。17 世纪，欧洲的金融中心主要在荷兰的阿姆斯特丹，在此之前主要在意大利的威尼斯、热那亚等地。1689 年，金融革命在英国爆发，之后欧洲的金融中心开始从荷兰的阿姆斯特丹转移到英国的伦敦，伦敦出现了各种新的金融市场。1694 年之后，原为荷兰执政，后来与玛丽二世共同加冕为英国国王的威廉三世，又向英国议会让渡了更多权力。当时，荷兰的大量犹太金融家纷纷跟随威廉三世到了伦敦。在伦敦，他们先后创办了英格兰银行，英国的国家债券市场、股票交易机构以及外汇交易机构，使得商业银行、投资银行迅猛崛起，英国伦敦迅速取代荷兰的阿姆斯特丹，成为欧洲的金融中心，造就了一个多层次的金融市场。这个多层次的金融市场为英国的科技创新和商业变革提供了源源不断的资本。

这三次革命，共同推动英国出现了第一次工业革命。在第一次工业革命的刺激下，英国的一些学者，如哲学家大卫·休谟、经济学家亚当·斯密等开始思考人类经济的未来和人类财富增长的秘密。1776 年，亚当·斯密出版了著名的《国富论》。在书中，亚当·斯密探讨了工业革命引发的经济增长的规律。可以说，《国富伦》是亚当·斯密关于工业革命和人类历史演变的研究成果。

综上可见，始发于英国的第一次工业革命不是一个偶然事件，它是在欧洲漫长的历史演变中，政治、经济、科技、文化等方面不断积累产生的成果。在英国出现的三次革命，即宪政革命、科学思想革命和金融革命，共同催生了第一次工业革命。

德国奇迹般崛起

2012 年秋天，借着到德国法兰克福参加论坛的机会，我专程前往柏林寻访著名的柏林洪堡大学。一进校园主楼，迎面而来的是一派令人震撼的景象。数十张巨幅画像高悬于校园主楼的回廊之上。画像上的人物包括爱因斯坦、普朗克、马克斯·玻恩（Max Born）、埃尔温·薛定谔、阿尔弗雷德·魏格纳（Alfred Lothar Wegener）、约翰·冯·诺伊曼、赫尔曼·冯·亥姆霍兹（Hermann von Helmholtz）、海因里希·鲁道夫·赫兹等，这些科学巨匠都曾经就读或任教于柏林洪堡大学。

去到各个院系参观，同样会看到许多蜚声国际的名字。令人印象最深刻的是柏林洪堡大学的哲学系。柏林洪堡大学哲学系产生过多位改变了世界学术历史的大师，如黑格尔、费希特、谢林、叔本华，以及中国人敬仰的马克思。因《新教伦理和资本主义精神》一书而留名青史的马克斯·韦伯也出自该校。此外，柏林洪堡大学还培养了众多政治、法学、生物医学和艺术领域的奇才。德国历史上伟大的政治家、军事家、战略家、“铁血宰相”俾斯麦就曾经就读于柏林洪堡大学法律系。

行走在柏林洪堡大学校园里，我越发坚信：如果一个国家拥有完善的教育体系，那么这个国家必然富裕强大。这是一个颠扑不破的真理。

位于德国哥廷根市的哥廷根大学也是一所闻名世界的德国精英大学。那里曾经是全球数学研究的中心。史上最伟大的数学家、被誉为“数学王子”的高斯，世界数学史上最具独创精神的数学家黎曼，被誉为“数学世界的亚历山大”的希尔伯特等数学大师，都曾就读于该校。前文中，我们谈论了英国为什么能成为第一次工业革命最早开始的国家。现在，我们来讨论一下德国的崛起。

在 19 世纪后期，德国就已经成为世界性的经济强国，涌现出很多世界知名的大企业，比如钢铁领域的蒂森克虏伯、电子领域的西门子、化工领域的巴斯夫，等等。这些优秀的德国企业把德国工业提升到全球领先水平，并一直延续到今天。德国著名管理学家赫尔曼·西蒙（Hermann Simon）在其著作《隐形冠军》中，介绍了每一个行业中在某项技术领域独占鳌头的领军企业。这样的企业往往规模不是很大，且低调朴实，常常不为外界所关注。从书中我们看到，全世界的隐形冠军企业有 2 700 多家，其中德国企业就占了一半。也就是说，德国的隐形冠军企业是全世界最多的。可见，德国的工业制造和科技创新能力是非常强的。德国人口不到中国的 1/10，但直到 2013 年，德国依然是世界第一出口大国，而且德国出口的产品大多是高质量的高端制造产品，如机器人、汽车、电子产品、化工产品、光学仪器、精密仪器等。长期以来，德国在全球诸多产品的制造中具有绝对的支配地位。

那么，德国为什么能取得如此辉煌的成就呢？为什么德国能够在第二次工业革命中迅速崛起？答案仍然要回到前文讲到的经济增长的基本规律，也就是要到教育中去寻找。

德国是世界上最早普及义务教育的国家。18 世纪初期，普鲁士王国（德国的前身）就开始实施义务国民教育。所以，德国的人均素质，特别是制造业工人的素质和知识水平，在世界上属于最高行列。德国教育最大的特点是拥有很多高质量的技术型大学，或者说培养工程师的大学。在德国，培养一名工程师一般需要 5 ～ 8 年的时间，这样培养出来的工程师都是最高水平的工程师。可以说，工匠精神在德国制造业得到了真正的体现。所以，德国的教育不仅仅体现在义务教育的普及上，更体现在对工匠精神的高度重视和高度尊重上。由此形成的传统，使德国的大学教育和工程师教育在全世界都赫赫有名。

而在工程师教育和技术创新的背后，是科学的伟大发现。回顾一下历史就可以看到，在第二次世界大战以前，德国的大学和研究机构基本上垄断了当时的诺贝尔奖。来自德国的科学天才非常多。比如，物理学家、量子力学的创始人之一普朗克，有史以来最伟大的物理学家之一爱因斯坦，量子力学的主要创始人海森堡等，以及很多数学大师，如高斯、黎曼、希尔伯特等。前文提到的培养出一大批各领域顶尖人物的柏林洪堡大学，就是在 19 世纪初期创办的，从那里走出了 30 多位诺贝尔奖得主。可以说，从 19 世纪后期至 20 世纪初期，德国是世界最主要的科学和思想中心。现代物理学、化学、生理医学等科学的雏形，基本上都诞生于德国。正是因为高度重视科学、思想和教育，德国才孕育了在科学上的伟大突破。而科学上的伟大突破，孕育和诞生了科技上的伟大发明和创造，造就了德国在制造业方面的世界领先水平。由此可以看出，高质量的义务教育和高等教育，为德国世界一流的制造业奠定了坚实的基础。

德国之所以能够引领第二次工业革命，还得益于一位非常重要的历史人物。这位历史人物就是“铁血宰相”俾斯麦。作为伟大的政治家、军事家和战略家，俾斯麦对教育高度重视，还主持建立了德国的全民社保制度，这在世界上属于首创。俾斯麦的一系列施政措施，尤其是全民社保制度，对于推动德国经济腾飞发挥了不可替代的作用。直到今天，俾斯麦的许多政策仍然对所谓的“德国模式”具有深刻影响。可以说，正是在俾斯麦统一德国之后，德国的电力、化工、钢铁、汽车、光学等产业才开始迅猛发展，跃居世界前列。

有人做过统计，20 世纪前半叶，世界上超过 2/3 的工业标准都是由德国工业界制定的。显然，19 世纪以来，高质量的教育，特别是高质量的工程师教育，为德国持久的工业技术创新奠定了基础。德国对科学的重视，使德国成为揭示人类经济增长基本规律的典型案例。

美国成为全球霸主

乔治·华盛顿是当之无愧的“美国国父”。他于 1775—1783 年作为大陆军总司令领导美国军队赢得独立战争的胜利，于 1787 年作为会议主席支持了美国宪法的制定，并于 1789 年当选美国首任总统，为美国政治制度确立了规范和原则。当美国和欧洲精英人物对美国的未来还充满疑虑时，华盛顿就准确地预言美国必将成为一个强国。

1783 年，华盛顿在辞去大陆军总司令的职务前，给各个“邦”政府[①]领导人写了一封信。他以诗一般的语言，描述了一个全景式、几乎横跨整个北美洲大陆的美利坚帝国的前景。信中写道：

> 置身于最让人嫉妒的条件之下的美利坚公民，作为这片囊括了世界上全部种类的土壤和气候、物产丰盈、生活便利的大陆的唯一主人，现在依据最近达成的令人满意的和解，享有绝对的自由和独立；自此以往，他们都将被看作这个最引人瞩目的舞台上的演员，这个舞台似乎是“上帝”格外挑选出来的，以展示人类的伟大和幸福。
>
> 我们帝国的基础并不是建立在蒙昧时代或怀疑时代之上，而是建立在一个伟大时代之上；与以往任何时代相比，这个时代中人类的权

① 当时美利坚合众国还没有成立。

利得到了更好的理解和更清晰的界定。

在这个幸运的时期，美利坚合众国作为一个国家出现了。如果公民无法得到完全的自由和幸福的话，那就是美利坚合众国自己的过错了。

在华盛顿写下上述充满激情和富有远见的语句时，美利坚合众国其实还没有真正诞生。那时离立宪会议的召开还有 4 年，离他宣誓就职还有 6 年。然而，华盛顿坚信这一切必然会发生，美国必将成为一个富裕强大的国家。事实确实如此，在他就任第一任总统后的 100 年左右，美国就成为世界上最强大的国家。这是一个真正的历史奇迹。

美国的历史很短，1776 年才正式建国。建国初期，美国的人口不足 300 万，在世界上也没有什么显著的地位。但仅仅过去100多年后[①]，美国的工业产值和 GDP 就已经超过英国，后来又超过德国，成为全球最强大的工业国。到 20 世纪初期，美国的经济总量甚至超过了德国、法国和英国的总和，并且在随后的 100 多年中一直维持着这个地位。2018 年，美国 GDP 首次突破 20 万亿美元，比排名第二、第三的中国和日本的 GDP 总和还多，美国也因此成为人类历史上 GDP 第一个突破 20 万亿美元的国家。

那么，美国是如何从一个名不见经传的国家迅速崛起为世界第一经济强国的呢？这是经济学必须研究的重大课题。在今天美国挑起中美贸易摩擦的历史背景下，我们尤其需要研究美国崛起的历史。因为美国现在已经把中国列为它的全球竞争对手，站在中国的角度，美国也是最值得我们去研究的。

当下的历史学家和经济学家发现，美国经济的快速增长，主要发生在美国南北战争结束之后。经济学家分析，从 1865 年到 1914 年第一次世界大战爆发

① 据现代历史学家统计分析，在 1890 年前后。

的大约半个世纪的时间里，美国经济平均增速为 5% 以上。在此之前，世界历史上从未出现过如此持续、长期和高速的经济增长。这个经济高速增长的历史时期，正是第二次工业革命蓬勃发展的时期。这个时期产生了很多新兴产业，包括电力、钢铁、汽车、造船、重化工等。美国在这些产业领域都是世界领先的，可以和德国并驾齐驱。美国钢铁行业出现了“钢铁大王”安德鲁·卡内基，汽车行业出现了“汽车大王”亨利·福特，电力行业出现了通用电气等。美国的众多巨型公司都是在第二次工业革命时崛起的。

美国为什么能在 19 世纪后期引领第二次工业革命？单纯从经济学角度的分析，可能不足以揭示美国崛起的全部原因。美国从一个弱小的殖民地变成世界第一的强国，其原因可以从三个关键词中去寻找。这三个关键词分别是教育、科技和金融。其中，教育是基础，科技是先导，金融是工具。

美国在 19 世纪后期的迅速崛起，与教育的飞速发展有着非常密切的关系。美国在建国之前已经有多所著名的大学和学院。大名鼎鼎的哈佛大学、哥伦比亚大学、普林斯顿大学、耶鲁大学，在美国建国之前就已经存在。美国建国之后，特别是 19 世纪后期，美国的大学和学院更是如雨后春笋般建立起来，教育事业得到了迅猛的发展。在这一阶段，美国的著名商业大亨和富豪纷纷捐资成立大学。比如，石油大亨约翰·洛克菲勒捐资成立了芝加哥大学，铁路大亨利兰·斯坦福捐资成立了斯坦福大学。这些著名的大学成为美国在科技创新和科学发现领域引领世界的坚实基础。众所周知，在美国的麻省理工学院、加州理工学院、卡内基梅隆大学、斯坦福大学等高校中，诞生了许多第二次、第三次、第四次工业革命的原创技术。截至 21 世纪初，美国高校培养的诺贝尔奖获得者，已经超过 100 多位。

信息科技时代的理论基础，就是由当时还是麻省理工学院硕士生的克劳德·艾尔伍德·香农提出来的。香农在麻省理工学院读硕士期间，曾在贝尔实验室工作。他于 1948 年发表了论文《通信的数学理论》。在这篇论文中，香农提出了信息时代最著名的香农定律。香农定律是通信技术的理论基础。“人工智能”的概念，是麻省理工学院的教授麦卡锡和明斯基提出来的。互联网的发明主要得益于麻省理工学院、斯坦福大学、加州理工学院等的局域网。直到今天，在人工智能和移动通信方面，麻省理工学院、斯坦福大学、卡内基梅隆大学等美国院校仍然有着超强的实力。

美国除了拥有优质的教育，还有很多由企业创办的各种高水平研究机构。比如，截至 2021 年，从美国电报电话公司创办的贝尔实验室就走出了 15 位诺贝尔奖得主。也就是说，贝尔实验室的科学研究成果超越了绝大多数国家。再比如，通用电气的实验室，也曾获得过 2 个诺贝尔奖。这些著名的研究机构和众多顶尖大学一起，共同让美国在科技创新和科学发现领域始终居于世界领先地位。所以，美国的崛起，不仅仅得益于优越的地理环境和丰富的自然资源，更多的是依靠教育、科技和金融。归结为一点就是，只有普及的教育，特别是高质量的教育，才能确保科学发现和科技创新。这是一个相互促进的动态良性循环。可以说，美国的经济增长史，是宏观经济学最值得研究的一个案例。

明治维新再造日本

在谈到近代国家经济的增长和发展时，我们不能忘记日本的崛起。日本的崛起，在过去 100 多年的人类历史上也是一个惊人的奇迹。

1853 年，美国海军准将马休·卡尔布莱斯·佩里（Matthew Calbraith Perry）率领舰队驶入日本港口。闭关锁国 200 多年的日本人从来没有见到过如此骇人的“怪物”。在那庞大的军舰和火炮面前，日本人都被吓坏了。他们奔走相告，说不知何方神圣要来惩罚日本人了。短暂的惊恐和慌乱之后，日本一些有见识的人终于明白过来：外面的世界已经变化太大，日本闭关锁国已经导致了彻底的落后，而落后必然挨打。痛定思痛，日本人决定全盘接受美国人通商的要求，打开国门，迎接新世界的挑战。这就是所谓的“黑船事件”。

自“黑船事件”之后，日本于1868年实施了明治维新。经过短短几十年时间，日本迅速崛起，成为当时亚洲乃至世界最强大的国家之一。后来，日本走上了对外侵略扩张的军国主义道路，给亚洲其他各国和日本本国国民带来深重灾难，日本国内的经济发展也一片混乱。在第二次世界大战结束后的几十年中，日本经济出现了奇迹般的复苏。如今，日本已经成为经济发达国家之一。

日本经济的崛起，大致可以分为三个阶段：第一个阶段是自1868年开始的明治维新时期；第二个阶段是从第二次世界大战结束后一直到20世纪70年代的经济复苏；第三个阶段于20世纪80年代后期日本泡沫经济时开始，持续到20世纪90年代初期泡沫经济破灭后，日本进行经济转型并逐渐走向成熟。其中，第二次世界大战结束后日本的经济复苏，是人们经常会谈到的一个奇迹。在20多年的高速增长期，日本经济平均年增速超过8%。到20世纪80年代，日本已经成为世界第二大经济体。当时，日本GDP相当于美国的65%。在17个重要的产业领域，日本都领先于其他各国。当时日本的汽车、电子、造船等行业，特别是家用电子行业，在世界处于绝对的巅峰位置，无人能及。不仅如此，日本的其他行业也在迅速崛起。比如金融业，在20世纪80年代的全球十大银行中，有9家是日本银行。当时美国的政界、商界、学术界人士，都对此感到震惊。美国人惊呼：日本即将成为世界第一，日本要取代美国了。当时，美国里根政府和日本中曾根康弘政府之间也曾经发生了长达10年之久的贸易摩擦。

20世纪90年代日本泡沫经济破灭后，日本经济转型并逐渐走向成熟。成熟的标志是日本人均国民收入、人均寿命在世界上处于最高水平。同时，日本在社会福利、收入均等、环境保护方面的水平甚至已经超过美国和欧洲的一些发达国家。在过去 20 年间，日本获得诺贝尔奖的人数仅次于美国。综观日本经济崛起的历史可以发现，有三个基本特征特别值得宏观经济学者重视的。

第一个基本特征是，日本没有丰富的自然资源，其经济增长主要依靠教育和人才。华为公司创始人任正非在接受媒体访问时，曾经多次强调，对于任何国家而言，教育和人才是最重要的。日本能够从第二次世界大战之后的废墟里迅速崛起，实现长达几十年的高速经济增长，直至成为世界发达、成熟的经济体之一，依靠的正是高质量的教育和人才。

日本在明治维新时期发生了几次思想改造事件。其一，当时日本著名思想家福泽谕吉明确提出“脱亚入欧”的口号，倡导脱离亚洲思想和理念的束缚，充分拥抱、吸收和利用欧洲先进的科学和理念。当时，明治政府曾派出一个著名的使节团——岩仓使节团，专门去欧洲学习。岩仓使节团几乎囊括了当时日本各界的精英，包括政府高官、商界和学界的著名人物等，其中就有后来成为日本首相的伊藤博文等。岩仓使节团遍访欧美各国，既学习欧美的先进治国经验，也学习它们的先进文化和科学知识。这些人回国之后，就在日本掀起了一场轰轰烈烈的“脱亚入欧”运动。其二，日本在国内普及义务教育，这使得日本国民素质大幅提升。很多曾经的传统武士在明治维新时期摇身一变，成为成功的企业家。比如，“日本企业之父”涩泽荣一创办过 500 多家企业，是东京证券交易所和很多大公司的创始人。另外，三井财团、三菱财团等也是在明治维新时期创立的。为了弘扬科学，日本还在日元纸币上印上了一些科学家和思想家的头像。吉田茂在《激荡的百年史》(『日本を決定した百年』) 一书中也重点指出：明治维新时期，日本上下一心地向世界寻求知识，同时在国内快速地普及教育。

第二个基本特征是，日本国内没有广阔的市场，于是在经济发展的每一个阶段努力地开拓海外市场。从明治维新到后来的军国主义对外侵略扩张，其中一个重要原因就是为了拓展海外市场。20 世纪 80 年代中国改革开放之后，日本也曾大力拓展中国市场。

第三个基本特征是，日本在第二次世界大战之后恢复发展经济时，高度重视环境保护和资源节约。20 世纪 70 年代，在经历了两次石油危机后，日本经济开始转型。在转型过程中，日本的一个主要发展方向就是资源节约。索尼公司创始人、日本著名企业家盛田昭夫，在自己的回忆录中非常明确地讲过，20 世纪 70 年代日本经济开始转型时，日本企业界提出的口号就是四个字——“轻、薄、短、小”，即产品的重量要尽可能轻，产品的厚度要尽可能薄，产品的尺寸要尽可能短，产品的体积要尽可能小。“轻、薄、短、小”这样的节约理念，促使日本的企业家和产业工人精益求精、不断努力。直到今天，“高精尖”“高质量”已经成为日本制造的代名词。任正非曾经半调侃地说：“我们对日本产品最大的不满是什么呢？就是它永远用不坏。”日本经济在过去 100 多年间迅速崛起的经验，以及在 20 世纪 80 年代以后成功转型的经验，是非常值得中国学习和借鉴的。

伟大的中国奇迹

21 世纪以来，在美国大学的一些经济学讨论课上，教授会提出一道有点儿“古怪”的选择题。

> 半个世纪以来，世界上哪个人对全球经济增长的贡献最大？
>
> A. 英国前首相撒切尔　　B. 美国前总统里根
>
> C. 微软创始人比尔·盖茨　　D. 中国前领导人邓小平
>
> E. 1981 年刺杀时任美国总统里根未遂的青年约翰·辛克利

需要说明一下，提出第五个选项的理由是，辛克利刺杀里根没有成功，却使里根赢得了美国两党和人民的同情和支持，从而使他的供给学派经济政策[①]得以成功地迅速实施，进而实现了 20 世纪 80 年代美国经济的快速增长。

学生们给出的答案五花八门。大约在 2008 年，蒙代尔教授在和我聊起这道题的答案时说，本科生中选择里根和撒切尔的比较多，也有选择比尔·盖茨的，而多数研究生和青年教师选择邓小平。也就是说，对 20 世纪后半叶的世界历史了解得比较多的人，多数都认为邓小平对全球经济增长的贡献最大。可以说，正是邓小平的改革开放政策，推动中国迈上了经济高速增长的轨道。中国从 1978 年改革开放到现在，经过 40 多年的发展，GDP 增长了数百倍，创造了令人瞩目的经济奇迹。2010 年，中国超过日本，成为世界第二大经济体。2018 年，中国 GDP 接近 14 万亿美元，是日本的 2 倍多，仅次于美国。并且，2018 年中国人均 GDP 已经超过 9 000 美元，接近中等发达国家水平。中美建交之后，截至2018年，中美双边贸易总额增长超过230倍，已逾6 000亿美元，其中中国向美国的出口贸易额近 5 000 亿美元，这是非常庞大的金额，也彰显了中国的强大实力。从 2018 年开始，美国挑起了针对中国的贸易摩擦，从某种程度上来看，这是历史的必然。因为中国制造业的产品种类和产量已经连续多年位居世界第一。在 40 多年的时间里，中国实现了历史上最伟大的跨越，从一个非常贫穷的国家，发展成为世界第二大经济体。

那么，中国是如何实现这一经济增长奇迹的呢？这是这些年全球经济学界讨论得非常热烈的一个问题。围绕这个问题的辩论很多。有人说，中国的成功，证明西方经济学不行，因为它没办法解释中国奇迹；也有人说，中国经济快速增长，证明中国已经创造出一个成功的中国模式，等等。这个问题到现在还没有明确一致的答案。很多经济学者开始致力于研究中国经济发展的历史，试图从中总结出新的经济理论。

---

① 供给学派的核心经济政策就是减税和放松管制，鼓励企业投资。

我认为，可以从现代经济学的角度来寻找一些答案。中国经济的发展，在很大程度上正是因为中国遵循了现代经济学的一些基本常识和基本规律。比如，尊重私有产权，政府通过改革开放以来的各项制度安排，不断完善对私有产权的保障以激发企业家精神，不断创造优良的制度环境以鼓励市场竞争，不断开放国门以吸引外部的技术、资金和人才等。这些其实都是经济学多年以来验证过的、行之有效的推动经济增长的正确方法。

任何经济学理论，应用到不同的国家，其结果都是不一样的，因为每个国家的经济制度、体制、思想和文化都有自己的特色。所以，从这个意义上来说，每个国家的经济发展都有自身的模式。那么中国过去 40 多年的经济发展有没有一个模式呢？答案是肯定的。作为一个庞大的经济体，中国的经济发展有自己的模式，即中国模式。

我们应怎样理解中国模式呢？新制度经济学创始人、现代产权理论奠基人科斯的解读是，中国模式用一个简单的公式来概括，就是“共产党 + 私有产权”。这个概括非常有趣，意思是说：中国在中国共产党的成功领导下，维持了国家的稳定和统一，推进了私有产权的改革和完善，激发了企业活力。科斯的这一概括非常有道理，而且很有启发性。

我认为，可以把中国模式进一步细化。过去 40 多年的中国模式主要有三大特点：一是政府主导；二是市场活力；三是后发优势。政府主导指中国共产党的成功领导，维持了中国的稳定和统一。在中国共产党领导之下实施的全方位改革，激发了市场的活力。过去 40 多年中国经济增长最成功的一个经验就是，不断地完善了对私有产权的保护，从而激发大量企业从无到有、从小到大，不断地成长。今天中国最有活力的企业大多是民营企业，就说明了这个问题。再来看看后发优势。我们必须承认，后发优势是客观存在的。在 20 世纪 70 年代末 80 年代初，西方发达国家，如美国、德国、日本等，开始进行产业的调整和转型。很多加工制造企业开始向成本较低的国家和地区转移。中国正好赶上了这次世界产业转移和重组的潮流，大量加工制造企业开始转向中国。2001 年，中国加入 WTO 后，全球很多地区的市场都向中国开放了。中国成功利用成本低的比较优势，发展了自己的加工制造业。所以，中国模式是存在的。中国过去 40 多年的发展，确实有自己的鲜明特征。这个鲜明的特征，可以用“政府主导 + 市场活力 + 后发优势”来概括。

但是，经过 40 多年的发展后，中国模式的改革红利、人口红利和后发优势红利正在逐渐消失。所以，面向未来，中国要维持高速或者高质量的经济增长，就必须依靠经济转型，并创造新的经济增长模式。这个新的模式不能再依靠后发优势，中国只能通过自主创新来创造新的优势。

从农耕时代到智能时代

从上大学时算起，我离开位于遥远偏僻山区的家乡已经 40 多年了。每次从北京、上海或深圳这样的大城市回到家乡，总有一种穿越历史的感觉，令人无限感慨。

今天生活在大城市的人们，日常生活已经离不开手机、电脑、互联网了，可以说已经完全生活在人工智能时代了。我们订外卖，背后是算法；我们打网约车，背后是算法；我们购买机票和火车票，背后是算法；我们在网上购物，背后是算法；我们出示健康码，背后还是算法，甚至网络上征婚交友的平台，也会用算法给出所谓的“精准匹配”。

但是回到我那遥远的小山村，老乡们的作息方式大体上还是日出而作、日落而息。老乡们依然使用耕牛、犁耙、镰刀、锄头来耕作；在不通汽车的山村，乡亲们依然是肩扛背驮，异常辛苦。但是家乡也有新的变化：多数老乡们都有了手机，虽然不是最新款式，但也能够看看抖音和收发红包；老乡的家里一般也都有电视，不过看的时间不多；一些头脑比较灵活的老乡开始使用电商平台购物和销售农产品。现代科技和古老的耕作方式交相辉映，时间跨度长达数千年，使人有一种穿越历史的感觉。

现在科学家认为，人类科技进步是一种加速模式。人类从畜力时代发展到机器动力时代，经过了数千年乃至数万年；从机器动力时代发展到信息时代，只用了数百年；从信息时代发展到智能时代，只用了数十年。

美国计算机科学家雷·库兹韦尔（Ray Kurzweil）相信人类科技已经进入指数增长模式。他在《人工智能的未来》（*How to Create a Mind*）一书中预言，到 2045 年，机器智能将全面超越人的智能，人类将迎来一个超乎想象的“勇敢新时代”。对此，我们拭目以待。

在前文提到的“科学与文学的对话”中，杨振宁说，假如今天忽然把爱迪生请回来，让他在 21 世纪的世界里生活一个星期，然后问他“现在有什么东西你觉得最新奇？”，大家认为他的答案会是什么？莫言认为爱迪生的答案会是手机。杨振宁表示赞同：“手机简直是不能想象的，随便拿一部出来，就可以跟美国的朋友打电话。这比《封神榜》里最奇怪的事情还要奇怪。”但是如果一个数千年或上万年以前的古人去到 17 世纪，他不会感到太陌生，反而会觉得很熟悉、很自在。这是罗素在《西方哲学史》（*The History of Western Philosophy*）中的观点。他认为人类科学的大进步始于 17 世纪。

在前文中，我们用大量篇幅讨论了人类经济增长的历史，以及人类经济增长历史所揭示的基本特征和基本规律。现在，我们来展望一下人类经济增长的未来。

人类经济增长在未来将会呈现什么样的新特征呢？首先我们要看到，自人类出现以来，特别是过去数百年间，人类经济发展共经历了四个阶段：第一阶段是农耕经济时代，或者说农业经济时代；第二阶段是工业经济时代；第三阶段是信息经济时代；第四阶段是智能经济时代，或者说人工智能时代。目前世界上所有国家都已经经历或者将要经历完这四个阶段。

18 世纪以前，全球几乎所有的地方、所有的国家都是农耕经济，以农业经济为主，农业人口占全部人口的 95% 以上。少数国家虽然有少量的手工制品，但基本上所有的人都是靠农耕吃饭，或者说靠天吃饭。农耕经济的内在规律是规模收益递减。什么是规模收益递减呢？答案很简单，比如：有一块 10 公顷的农田，如果一个人耕种，产量会比较低。如果增加一个人，产量会提高；但是，在这 10 公顷的农田上，如果增加到 1 万人，那么这 10 公顷农田的产量不仅不会提高，反而会降低，因为人太多了，根本无法耕作。所以，规模收益递减，是在自然资源禀赋固定的条件下，经济增长必然要遵从的一个规律，即某些生产要素不可能无限增加，增加到一定程度的时候，产量一定会下降。所以，在农耕经济时代，自然资源是最丰富的资源，也是最宝贵的资源。

第一次工业革命后，越来越多的国家开始进入工业经济时代，不断有新的产业被创造出来，极大地改变了人类经济的状况，各国人口逐渐由农业人口转变为城市的产业工人。经济规律也由规模收益递减转变为规模收益递增。所谓规模收益递增，就是产量越大，生产成本就越低，比如汽车制造业和电子行业。这就是随着时代的发展，家用汽车、个人电脑等产品的价格越来越低的原因。

20 世纪下半叶，人类进入信息经济时代。今天的互联网经济，包括大数据、云计算、平台经济等，都是信息经济时代的产物。这个时代又出现了一个新的经济规律，即规模收益不仅递增，且增长速度更快。有经济学者把信息经济时代的这一规律归纳为指数级增长规律，以摩尔定律为典型。摩尔定律是由英特尔创始人之一戈登·摩尔提出来的。他认为，在价格不变的情况下，集成电路上所容纳的电子元件数量，每 18 ～ 24 个月，就会增加 1 倍，性能也随之提升 1 倍。所以我们今天可以看到，电脑、手机及其他所有电子产品的信息处理能力都在大幅提升。今天一部手机的信息处理能力，比 20 世纪 60 年代所有计算机的信息处理能力之和还要大很多。这一进步的背后就是摩尔定律在发生作用。今天大家都在谈 5G 设备和 5G 网络，其实 5G 相比 4G 和 3G，其根本区别就是快速提升的信息处理能力。信息处理能力的快速提升，才使万物互联有了可能。可见，在信息经济时代，经济规律与工业经济时代相比，已经有了革命性的变化。

那么，在如今的智能经济时代，人类经济将遵从什么样的新规律呢？毫无疑问，规模收益递增规律和指数级增长规律，是智能经济时代的基本经济规律。但是，智能经济时代可能会有新的经济规律出现。美国计算机科学家库兹韦尔在其著作《奇点临近》（*The Singularity Is Near*）中提出了奇点原理。他认为，到 2045 年，人类制造的机器人的智能将会全面超过人类智能。当机器人的智能全面超过人类智能的时候，人类的经济活动将会发生什么变化呢？关于这个问题的答案，我们今天只能想象，没有一个清晰的图像，这也是宏观经济学今天所面临的最大挑战。也就是说，随着智能经济时代的不断发展，现存的这些经济学基本原理需要人们去进行大幅的修正，甚至可能从根本上被颠覆。人类的经济活动是否会遵从与摩尔定律完全不同的新规律，这是今天很多科学家、工程师、企业家和经济学者都在不断思考和探索的重大课题。

第 3 章

投资和金融

投资是发家致富的艺术，金融是现代经济的核心。一个人如果不了解基本的投资和金融知识，就不可能发家致富；一个国家如果没有多样的投资渠道和发达的金融体系，就不可能实现富民强国。

投资和金融既是一门科学，又是一门艺术，还涉及心理学和社会学。它需要研究者既有预判趋势的直觉力，也有洞察历史的想象力。然而拥有如此智慧和思维的人，必定是上天赋予了其特殊天分。因此，虽然世界上从事投资和金融活动的人很多，但是登峰造极者寥若晨星。

黄金定律

在本章，我们主要讲投资和金融，也就是要告诉大家经济增长、财富积累的密码是什么。谈到经济增长，必然要牵涉到金融。没有金融，就没有经济增长。所以，在宏观经济学中，需要引入金融、货币、投资等基本概念。现在，我们先来讲投资和储蓄的关系。

实际上，经济学与我们的日常生活是息息相关的。经济学所分析的一些原理、所阐明的一些基本规律，与我们日常生活中经常提到的一些格言，有时候是完全一致的。比如，人无远虑，必有近忧。这句话出自 2 000 多年前的《论语》，其中蕴含了人类生活的一个基本规律，那就是要为未来做打算；用经济学术语来说，就是要储蓄。储蓄是经济增长的一个必要条件，也是财富积累的一个必要条件。没有储蓄，人类就不可能进行再生产；没有储蓄，人类就不可能有财富的积累，也就不可能有投资。

在很长一段时间里，经济学研究人类经济增长，主要就是研究储蓄和投资之间的平衡。如果个人的储蓄太少，甚至没有任何储蓄，那么财富就不会有积累。国家也是如此，如果国家没有储蓄，无法进行投资，那国家未来的经济就不可能增长。所以，如果储蓄太少甚至没有储蓄，个人或者国家就没有资本。

但是，如果储蓄太多，消费不足，也会产生问题，比如企业生产的产品没有足够多的人购买，就会影响企业的生产经营，进而导致经济混乱，甚至是衰退。

凯恩斯在《就业、利息和货币通论》中极力批驳的一个传统观念就是“鼓励储蓄”。凯恩斯认为，储蓄是一种罪恶。如果人们都要储蓄而不消费，那么经济就不可能增长。凯恩斯甚至提倡人们浪费，提倡人们去做一些无用功。据说，凯恩斯当年代表英国政府去和美国政府谈判的时候，在美国首都华盛顿的一个豪华酒店里参加了一场宴会。宴会开始的时候，服务员端来一盘热毛巾，请宾客们擦手。当服务员走到凯恩斯身边时，凯恩斯抬手就把那一整盘毛巾掀翻在地。服务员大吃一惊，问：“凯恩斯先生，您为什么这么做？”凯恩斯说：“我这是为了增加你们的就业。我把毛巾都弄到地上，你们就需要更多的时间、更多的员工来清理。这其实是为你们好。”当然，这可能只是一个传说，但却说明了凯恩斯极力反对储蓄的观点。他鼓励大家消费甚至浪费。可以说，他的观点走到了另一个极端。

“一要吃饭，二要建设”是无产阶级革命家、经济工作领导人陈云提出的一个重要经济发展模式。意思就是，我们发展经济的目的是要解决温饱问题，但是在解决温饱问题之后，还要留下一些钱来储蓄，因为我们要进行未来的生产建设。马克思的《资本论》中有一个非常重要的主题，就是简单再生产和扩大再生产之间的关系。所谓简单再生产，就是生产设备的投资没有增加，今年的生产规模和去年的生产规模一样。扩大再生产就是追加投资，扩大生产的规模，以期获得更大的收益。

一直以来，众多经济学者都在研究储蓄和投资的平衡这一课题。当年我在哥伦比亚大学读书时，上过埃德蒙·费尔普斯教授的课。费尔普斯是2006年诺贝尔经济学奖得主，他早期的研究成果是经济增长的黄金规律，即黄金定律。黄金定律研究的就是储蓄和投资之间应如何达到一个比较好的平衡状态，什么样的渠道才能够把储蓄更加高效地转化为投资呢？是直接融资，还是间接融资[①]？储户是无法左右银行和其他金融机构的间接融资活动的，也就是说，人们把钱交给银行或其他金融机构后，银行或其他金融机构贷款给哪些行业或哪些企业，完全取决于银行或其他金融机构的政策，储户无权干涉。同理，人们购买股票、债券，虽然属于直接融资，但是企业在通过发行股票或债券融到资金后，是将这些资金用于做实业，还是用于投资者希望投资的领域，投资者也是控制不了的。所以从这个意义上来讲，金融体系的结构和内在效率，决定了人们的储蓄能不能真正推动经济增长。这也是我们说金融体系对一个国家的经济增长如此重要的原因。如果一个国家的金融体系缺乏效率，不能把人们的储蓄有效地转化为投资，那么这个国家的经济增长就会受到很大的影响，甚至出现衰退或萧条。所以，在今天的人类经济体系里，金融体系显得非常关键和重要。

金融：现代经济的核心

前文我们说，将储蓄高效地转化为投资，是促进经济增长的关键。而要将储蓄转化为投资，就要利用金融产品和金融体系。现在我们来谈一谈，金融为什么是现代经济的核心。

“金融很重要，是现代经济的核心。”这句话是伟大的无产阶级革命家、战略家、政治家邓小平提出的。每次想到邓小平讲的这句话，我都非常感慨。众所周知，邓小平并没有学过经济学，也没有学过金融学。但是，长期的社会实

① 直接融资，是指自己作为股东，直接参与生产经营活动，或者与生产经营活动比较接近的活动，比如股票、债券等。间接融资，是指人们通过银行或其他金融机构把储蓄转化为金融产品，然后银行或其他金融机构把资金贷款给企业。这就是我们今天看到的各种主要金融活动形式。

践使他深刻地认识到一个国家经济发展的关键在哪里。所以，在改革开放初期，邓小平果断地提出要和美国恢复外交。邓小平在20世纪80年代初期就提出了“金融是现代经济的核心”这一论断，过去和现在的经济学理论，包括许多复杂的经济模型，最终都证明了邓小平的这一著名论断。

李约瑟是一位英国科学家，也是一位中国科技史研究专家。他多年致力于研究中国的科学技术发展史，并撰写了七卷本的《中国科学技术史》。李约瑟曾提出一个问题，“古代中国对人类科技发展做出了很多重要贡献，但为什么工业和科学革命没有在近代中国发生？”这就是著名的“李约瑟难题”。美国历史学家彭慕兰的著作《大分流：中国、欧洲与现代世界经济的形成》在一定程度上回答了“李约瑟难题”，并着重解释了18世纪东西方，也就是中国和欧洲，在金融方面出现重大分流的原因。

欧洲各国在历史上都是非常分散的小国，特别是在罗马帝国崩溃之后。这些国家之间经常混战。特别是威尼斯、热那亚和其他一些地中海周边城邦，为了争夺地中海的贸易霸权，经常发动战争。但是这些小国的征税能力有限，经常无力解决战争的费用问题，于是威尼斯人急中生智，发明了债券。古希腊哲学家赫拉克利特曾经讲过一句名言：“战争是万物之父。”这句话同样适用于债券。随后，债券工具、金融技巧和金融技术，就在欧洲代代相传了，并且逐渐从意大利城邦①传播到荷兰的阿姆斯特丹，然后又阿姆斯特丹传到英国的伦敦。17世纪后期到18世纪，英国伦敦经济崛起，成了世界的主要金融中心。

18世纪，欧洲充分利用了各种金融工具，特别是债券，并发明了股票和股份有限公司，后来又成立了中央银行。有了这些金融工具，欧洲各小国就

① 意大利城邦是指10—15世纪的一些小型独立国家，集中在意大利半岛中部和北部地区。——编者注

能够动员各种资源，包括国内资源和世界资源，来发展它们的经济和军事力量。所以说，发动战争使得欧洲国家走上了一条与中国完全不同的经济发展道路。而古代中国因为用征税解决了大部分财政问题，所以往往不需要再利用金融工具。美国历史学会会长、经济史学家彭慕兰和其他一些经济学者，通过研究史料，也得出了类似的观点。但我们可以看到，高度发达的金融体系对人类经济、对国家的发展是极其有利的。今天世界上的发达国家，无论是早期的英国、德国、法国、瑞士、荷兰，还是后来的美国、日本、韩国等，几乎无一例外。中国经济过去 40 多年的高速增长，从某种程度上来讲，也是金融发展带来的奇迹。

1980 年以前，中国还没有现代金融行业。保险、信托、债券、股票、风险投资、私募股权投资，这些概念对于当时的中国人来说是闻所未闻的。直到 20 世纪 80 年代，邓小平以一位政治家的高瞻远瞩和远见卓识认识到，中国要改革开放、发展经济，首先就必须快速推进金融行业的改革开放。所以，他在 1992 年南方谈话中，强调了金融的重要性。此后，中国确定要把上海建设成为国际性的金融中心，其实也是邓小平理论在起作用。中国设立股票市场，其实最早也是邓小平的提议。邓小平 1986 年会见了当时纽约证券交易所的董事长约翰·范尔霖（John Joseph Phelan Jr.），向他请教股票市场发展的经验，而且将当时中国的第一只股票——上海飞乐音响公司的股票“小飞乐”赠送给了他。当时全世界媒体都争相报道这一具有象征意义的事件，说中国在全力推动股票市场的发展。邓小平当时说：“……社会主义是可以搞股票市场的，证明资本主义能用的东西，也可以为社会主义所用……对了，开放；错了，纠正，关了就是了。”[①] 这番话表现了一位政治家的宏大气魄。

金融是现代经济的核心，是经济学者们研究历史，特别是研究了西方经济

① 李新芝主编：《邓小平实录 4：1982—1997（改革开放 40 周年纪念版）》，北京联合出版公司 2018 年版，第 232 页。

发展史和东西方经济发展的不同路径之后，得出的一个基本结论。研究中国过去 40 多年的经济发展史，我们同样也可以得出这个重要结论。假如没有发达的金融体系和银行体系，中国经济的高速增长是根本不可想象的。今天中国的银行体系，可能已经是世界上最大的银行体系；中国股票市场和债券市场的规模，也都居世界前列。如果没有庞大的银行体系和金融体系，中国这么多企业怎么融资呢？如果中国不引入风险投资、私募股权投资等金融工具，中国的高科技企业该如何融资呢？所以说，金融为中国经济的发展做出了巨大的贡献。不过，我们依然要认识到，中国的金融行业还有很多不足，需要进一步的改革和开放。

解密金融霸权与国家兴衰

这一节，我们从历史的角度谈一谈，金融霸权对于国家兴衰的重要性。大家都知道，从 2018 年开始，由美国挑起的中美贸易摩擦不断升级。2019 年 8 月 5 日（美国东部时间），美国政府公然宣布将中国列为汇率操纵国。随后，美国公布了一系列针对中国政府和企业的制裁措施。[①] 这些制裁措施包括征收惩罚性关税、限制特定人员往来等，中国因而采取了一些对等制裁措施。在这种情况下，很多中国人都在思考一个重要问题，为什么美国能够用自己的国内法管理其他国家？为什么美国能够动不动就对其他国家进行金融制裁？曾经受到美国制裁的国家有很多，如利比亚、伊拉克、朝鲜、伊朗、俄罗斯、委内瑞拉等。可以说，凡是美国认定的“敌对国家”，或者美国认为“需要”改变现状的国家，美国都会对其采取一些制裁措施。其中，影响最大的就是金融制裁。

① 2020 年 1 月 13 日（美国东部时间），美国取消认定中国为“汇率操纵国”。——编者注

在金融结算方面，一旦制裁发生，美国政府就会禁止本国公司，甚至其他国家的公司与被制裁国家的公司进行贸易和金融往来。其实，在 2019 年 8 月 5 日（美国东部时间）美国把中国列为汇率操纵国之后，中国人民银行前行长周小川就曾非常严肃地讲，我们要高度重视美国能够对其他国家实施制裁的原因。这个原因就是美元霸权，即美元是美国在世界范围内实现其霸权的一个重要手段。需要注意的是，“霸权”在中文语境中是一个贬义词，但在西方英语世界是一个褒义词。在他们看来，一个国家能够拥有霸权，说明这个国家实力强大。之所以美元霸权能成为美国实现其霸权的重要手段，是因为美元是全世界最主要的储备货币，以及最主要的贸易和金融交易货币。

我们可以用“6789”来概括 2018 年美元在世界上的霸权地位。其中，“6”是指世界各国中央银行所持有的外汇储备中，60% 以上都是美元；“7”是指超过 75% 的世界贸易是用美元结算的；“8”是指世界金融交易中，85% 以上是用美元结算的；“9”是指全世界约 99% 的大宗商品交易，包括石油、贵金属、黄金、白银、粮食等，都是用美元结算的。从“6789”就能看出美元霸权在世界上的威力了。正因为全球的金融体系是由美元主导的，所以美元这一金融工具和美国的兴衰是紧密相连的。

美元霸权并不是一两天就形成的，它有着漫长的历史积累。美国于 1776 年正式建国。建国后，第一任财政部长汉密尔顿为新生的美国打造了一个全面的金融体系：（1）统一了美国的货币；（2）建立了一个非常完整的美国债券市场，特别是国家债券市场；（3）成立了美国第一家中央银行，负责全国货币的管理；（4）建立了美国联邦政府的税收收缴和支付体系；（5）建立了美国的铸币体系，因为当时的货币还不是纸币，而是金属货币；（6）建立了美国的海关体系；（7）参与建立了美国的一些商业银行，特别是闻名世界的纽约银行。

汉密尔顿之所以具有如此高远的设想，是因为他之前对欧洲国家，特别是英国的金融霸权进行了极其深入的研究。前文提到过，西方的金融发展史，最早是从意大利城邦，如威尼斯、热那亚、佛罗伦萨，以及德国的汉堡等一些小国开始的。这些独立的小国之间，经常围绕海外殖民地和海外贸易发生战争。战争需要钱，那么钱从哪里来呢？原则上只有三个办法，第一个办法是印钞票，第二个办法是征税，第三个办法是借钱。11 世纪和 12 世纪，绝大部分国家还都没有纸币制度，虽然中国在宋朝（11 世纪）就发明了纸币，但是这一制度并没有在全世界范围内成为一个正常、持续的制度。同时，对于小国而言，征税是非常困难的。所以威尼斯人发明了债券，向公众借钱，这就是国家债券市场或者说公共债券市场的起源。

债券制度问世后，迅速被热那亚、佛罗伦萨、汉堡、阿姆斯特丹等城邦和城市采用。1688 年，英国爆发了“光荣革命”。“光荣革命”使议会取代国王，成为英国真正的统治者。“光荣革命”后，英国迅速发生了金融革命。在金融革命中，英国学习借鉴了欧洲发明的各种金融工具，包括债券市场、股票市场、股份有限公司、中央银行、期权、期货等，筹集到了大量资金。所以英国在 18 世纪与法国及其他国家的多次战争中，基本上都取得了胜利，成为“大英帝国”。英国是第一次工业革命的发源地，通过第一次工业革命和金融革命。大英帝国发展出强大的军事力量，在全世界进行疯狂的殖民扩张。大英帝国在鼎盛时期统治的陆地面积达到 3 000 多万平方千米，超过英国本土面积 100 多倍。

所以，大英帝国能成为霸权国家，金融革命功不可没。正是金融革命，为英国的工业革命奠定了坚实的基础。从这些简要的历史中，我们可以看出一个基本规律，那就是货币霸权、金融霸权和国家霸权，往往是三位一体的。

金融武器四大发明

前文谈到了“李约瑟难题”和《大分流：中国、欧洲与现代世界经济的形成》，现在的经济学者和历史学者普遍认为，东西方经济发展在 18 世纪出现分流的一个重要原因，就是西方的金融行业发展起来了，而东方完全没有发展，也就是说金融在这个过程中发挥了极其重要的作用。要想理解这一观点，就需要掌握一定的宏观经济学知识，否则就无法理解很多历史现象。很多历史学家精通金融学和经济学，比如英国著名历史学家、哈佛大学教授尼尔·弗格森，他的著作《帝国》《文明》《货币崛起》等，都是脍炙人口的畅销书。其实，弗格森最早是研究罗斯柴尔德家族的，他研究了这个金融世家的起源和发展历史，并撰写了《罗斯柴尔德家族》一书。他后来写的很多书，也都和货币金融有关。所以，历史学家从金融学和经济学的角度来探求历史发展的轨迹、理解历史发展的过程，也是很重要的。

前文讲过，西方现代金融发展的源头是意大利城邦威尼斯。金融的秘密从意大利城邦，一步一步地传到荷兰的阿姆斯特丹，然后从荷兰的阿姆斯特丹传到英国的伦敦，这个过程成就了威尼斯的霸权、阿姆斯特丹的霸权，后来又成就了英国的霸权，在 20 世纪又成就了美国的霸权。

接下来我们来看看，西方国家和地区，特别是荷兰的阿姆斯特丹和英国的伦敦，在金融方面的四大重要发明，也可以说是它们的金融武器。

第一大发明就是股份有限公司和股票市场。股份有限公司是西方金融革命后出现的。以前人类社会做一件事情是很难的，因为没有办法把资源集中起来。16 世纪后期，出现了荷兰东印度公司和英国东印度公司，这些最早的股份制跨国公司可以将很多分散的资源集中起来进行大规模的投资，后来逐渐演变成现在的股份有限公司。再后来，股份有限公司的股票开始能够转让，于是就出现了股票市场。股票市场后来成为西方国家配置资源的一个极其重要的金融工具，同时也是一项重要的融资手段。

第二大发明就是中央银行。众所周知，中央银行最早发行货币时，必须要有贵金属作为储备。早期的中央银行，无论是 1609 年创办的阿姆斯特丹汇兑银行，还是 1694 年创办的英格兰银行，或是 1913 年创办的美联储，最早发行货币时都要求储备等值的黄金和白银。这一点与中国香港的港币发行制度非常相似。香港从 1983 年开始，采取的是与美元挂钩的联系汇率制度。所以，香港的三大发钞银行要发行港币，背后一定要有等值的美元作为价值储备支持。也就是说，当银行发行港币时，必须把等值的美元交到香港金融管理局，并计入外汇基金账目，以购买负债证明书，作为所发港币的支持。

第三大发明就是国债市场。国债发明以后，很多中央银行开始用国债作为抵押。因为国债背后有国家的信用，所以中央银行用国债作为抵押，也可以发行钞票。这就是宏观经济学上一个非常关键的话题——中央银行是怎么创造货币的。早期的货币创造，就是以贵金属作为抵押，之后开始用国债作为抵押，后来又可以用商业票据作为抵押，再后来还可以用其他一些资产作为抵押，这些都可以创造和增发货币。这几乎就是一个无中生有的过程。比如说，美联储在 2008 年发生金融海啸之后，搞量化宽松，就把可以抵押的资产等级降低了，所以商业银行可以拿很多其他资产，甚至是一些垃圾资产，抵押到中央银行，中央银行也可以凭此贷款给商业银行。这样，货币发行的条件就大大地降低了。

第四大发明就是部分准备金制度。部分准备金制度也是过去几百年才逐渐发展起来的。人们通过漫长的历史发现，银行储户不会在同一天把所有的钱取走，所以银行就可以把储户的部分存款拿出去放贷。这也是现代商业银行运作的一个基本原理。

以上这四大发明是西方伟大的金融创新，是西方国家实现金融资源高效配置的武器，是造成东西方在经济发展方面出现重大分流的关键性力量，同时也是西方国家在几次工业革命中都能成为领导者的原因。

金融的本质是什么

前文谈到，金融在西方国家的发展进程里，起到了极其关键的作用。欧洲小国受战争的推动，不断进行金融创新，研发出了金融武器四大发明。理解了西方在金融方面的这四大发明，就基本能够理解整个现代金融体系，以及金融的本质到底是什么。

金融的本质，主要包括两个方面。

其一是资源的优化配置。资源的优化配置就是要把资源动员起来，比如社会资源中的人力资源、自然资源中的土地资源。怎样把这些资源有效地动员起来，并转化为生产性活动，创造出新的财富呢？这就必须实现跨人际、跨区域、跨时间的配置。假设社会上每个人都有一点钱，现在有人想创办一家企业，需要 1 亿元，那么该怎么筹集资金呢？在股份有限公司制度出现之前，这种配置是无法想象的。16 世纪和 17 世纪，荷兰、西班牙、法国和英国等国家在进行海外扩张时，需要造船和雇佣很多人，所以需要大量的资金。但任何一个探险家，甚至国王都不可能有那么多钱。需求是创新之母，于是他们就想出了一个办法，即通过一种制度，把大家的钱集中起来，这就是股份有限公司的雏形。股份有限公司出现以后，最早的股票是不可交易的，股东只能等着分红。但这样会产生一个问题：有些股东因为某些事急需要用钱的时候怎么办？于是，有些股东就提议交易股票，这样股票就可以变现了。如此一来，很多普通投资者也可以参与投资，这就解决了股份有限公司的股份流动性问题。所以，这是一个伟大的金融创新，解决了人与人之间资源配置的问题，把资源集中了起来。跨区域的资源配置也非常重要。当年英国东印度公司和荷兰东印度公司的资源配置都是跨区域的，整个欧洲的投资者都可以投资。今天的跨国公司，特别是上市公司，更是一种全球性的资源配置。比如，苹果公司等全球著名上市公司，其股东就遍布全世界，调动的资源也是跨区域的。跨时间的资源配置在生活中也很常见，比如人们将今天获得的收入的一部分，或存入银行赚取利息，或购买股票、债券或其他资产以期获得收益。此外，人们借钱消费、投资和创业，也是一种跨时间的资源配置。

其二是风险的分散管理。风险的分散管理和优化资源配置是一对孪生姐妹。在对资源进行跨人际、跨区域、跨时间的配置时，也就实现了风险的跨人际、跨区域、跨时间的分散管理。比如，前文提到的海外探险，如果探险家把自己的钱全部投进去，事情做成了还好，一旦事情没成，探险家就要破产了，这对他来说是很大的损失。但是，如果采用股份有限公司的形式，把股权分散出来，那么探险家个人所承担的风险就大大降低了。现在的股份有限公司，如果公然造假，就是违法犯罪；如果真的经营失败，公司老板或实际控制人就不算违法犯罪，甚至不会倾家荡产。所以说，股份有限公司本身分散了风险，不让创业者一个人承担全部风险。现在，风险投资、私募股权投资等新型投资方式，更是让创业者不用承担主要的资金损失风险。

比如，一个人有一个好的想法，想把这个想法做成实业，但是又没有钱，那么这时候他就可以用专利、创意或想法来吸引别人来投资，然后大家分享成功后的果实。这其实就是一种风险分散的创业方式。风险投资者承担了主要的资金损失风险，而创业者则承担了时间风险、个人声望风险和部分资金损失风险，但是这些风险是分散的。在这个基础之上，又有很多其他新的金融手段被发明出来，如各种保险。其实，保险的发明是非常早的，不管是财产保险，还是人寿保险，都是一种跨人际、跨区域、跨时间的风险分散化管理。

完善多层次金融市场为何如此重要

前文中，我们从宏大的历史角度讨论了金融货币在一个国家经济增长和财富积累过程中的重要作用。这些问题属于宏观金融的范畴。宏观金融，研究的是货币金融和国家的长期经济增长、社会发展和国家兴衰之间的关系。

与宏观金融相对应的是微观金融。大学的货币金融课主要讲的就是微观金融。那么，什么是微观金融呢？微观金融主要讨论研究具体的金融市场怎么操作，具体的金融机构怎么组织和运作，具体的金融产品怎么设计、营销、买卖和定价。金融产品的设计和定价，是金融学专业的学生（无论是本科生、研究生，还是博士生）都必须研究的主要课题。

我当年在哥伦比亚大学读书的时候，曾经选修过商学院的公司金融（Cooperate Finance）课程。所谓公司金融，主要是研究一家公司怎么定价，特别是公司的股票怎么定价。很多朋友都知道，一家公司要上市的话就需要进行股票定价，那么公司的股票应怎么定价呢？市盈率应怎么确定呢？这些问题比较复杂。公司金融可以说是全世界的商学院都非常重视的一门课程。通常，这门课程最后的考试方式就是，给学生某家公司的一些材料，要求学生根据这些材料给这家公司的股票定价。

1997 年，哈佛大学教授罗伯特·默顿（Robert Merton）和斯坦福大学教授迈伦·斯科尔斯（Myron Samuel Scholes），就是因为研究期权的定价而获得了诺贝尔经济学奖。这两位学者在漫长的历史研究中设计和优化了期权定价公式——布莱克 - 斯科尔斯公式[①]。根据他们的公式，人们可以计算出任何一个

① 费希尔·布莱克和迈伦·斯科尔斯在 20 世纪 70 年代提出了布莱克 - 斯科尔斯公式。后来，斯科尔斯和默顿又进一步优化了这一公式。

金融产品，特别是股票未来期权的价格。

发达国家通常都有一个非常重要的特点，那就是拥有多层次的金融市场和多元化的融资手段。前文讲的美国、英国、德国、日本、瑞士、荷兰、新加坡等能够实现长期经济增长的发达国家无一例外，可见布莱克－斯科尔斯公式对微观金融的重要性。

从宏观层面讲，一个国家的多层次金融市场主要包括四个层面。

第一个层面是市场体系。金融的市场体系包括各种各样的金融市场，从传统的商业银行，到投资银行、证券公司，到保险、信托，再到衍生金融工具等。中国在改革开放以前是没有金融市场的，所以当时中国的融资能力就很弱。

第二个层面是组织体系。多层次的金融市场中有多元化的金融机构，包括商业银行、投资银行、证券公司、保险公司、期货公司，以及其他各种附属金融机构。在金融科技发达的新时代，多层次的金融市场还包括很多以金融科技为主要业务的新型金融机构。这些金融机构非常多元化，而且不断推陈出新，共同构成了多层次的金融市场。

第三个层面是产品体系。在拥有多元化融资手段、多层次金融市场的国家和地区，金融产品是层出不穷的，而且会不断创新。以前大家所熟悉的传统金融产品，就是银行的存款和贷款。但是，对于今天的金融产品，可以说，即使是专业人士，也无法完全说清楚有多少种类。比如，在债券市场，就有公司债券、地方政府债券、中央政府债券，以及不同期限、不同结构的债券等。这些债券产品就构成了多层次、多元化的债券市场。

第四个层面是监管体系。在一个多层次金融市场中，金融监管也是多元化的。以美国为例，美国的金融监管体系中包括美联储、美国证券交易委员会、美国财政部等，它们都具有金融监管职能。在中国，主要的金融监管部门是“一行三会”，即中国人民银行、原中国保险监督管理委员会（以下简称“原保监会”）、中国证券监督管理委员会（以下简称“证监会”）、原中国银行业监督管理委员会（以下简称“原银监会”）。2018 年 4 月，原银监会和原保监会合并，“一行三会”就变成了“一行两会”，即中国人民银行、银保监会、证监会。除“一行两会”以外，中国还有地方性金融监管部门。

西方著名学者、金融工作者悉尼·霍默（Sydney Homer）和理查德·西勒（Richard Sylla）合著了《利率史》（*A History of Interest Rates*）。这两位学者在书中追溯了西方几千年来利率发展的历史，发现每当金融体系越来越丰富，新的金融产品和金融工具不断出现时，市场利率就会随之下降，市场融资就会变得容易，经济就会发展。所以，多层次金融市场和多元化融资手段对经济发展的重要性，就体现在它们能够降低融资成本，并使各种资源实现跨人际、跨区域、跨时间的有效配置。这实际上也是各个国家未来金融改革和发展的一个最基本的方向。

现在各国金融改革和发展面临的一个最大问题，从实体经济角度来看尤其明显，就是企业融资成本普遍高，中小企业面临融资难、融资贵的问题。要解决这个问题，最根本的手段就是发展多层次金融市场体系，尽可能打造一个公平竞争的金融市场环境，要特别鼓励中小金融机构的发展。总而言之，多层次金融市场和多元化融资手段，对于让金融更加有效地服务于实体经济，以实现经济的持续增长，是至关重要的。

如何打破“富不过三代”的魔咒

前文我们谈论了宏观金融的话题，即金融货币与一个国家长期的繁荣富强和经济增长之间的关系。这是一个非常重要的话题。但是经济学者不仅要关心各种宏观经济指标，如GDP、国民收入等，还要关心一个国家经济增长和发展的历史，特别是很多企业家和投资者的个人发展历史。这是因为，宏观经济的长期增长和一个国家的繁荣富强，实际上主要取决于企业家和投资者个人的努力和发展。可以说，无论是英国、美国、德国、日本，还是中国，其长期的经济增长，都与企业家迅猛的崛起有极大的关系。一个国家在经济增长过程中，其财富需要不断积累，一个家族或个人也是如此，不可能一夜暴富。

我在给企业家们授课时，大家经常会谈到一个非常重要的话题“富不过三代。”这个话题可以说是一个世界性的现象。“富不过三代”如同一个紧箍，紧紧地套在很多企业家和富人的头上。

我们先来看看“富不过三代”的原因，主要有三点。其一，财富可以传承，但是创业的激情和创业的才能往往很难传承。中国有一句谚语：龙生龙，凤生凤，老鼠的儿子会打洞。但现实常常不是这样的。比如，伟大的科学家爱因斯坦，他的儿子在科学上就没有特别伟大的成就。同样，伟大的企业家，如约翰·皮尔庞特·摩根、洛克菲勒、比尔·盖茨、史蒂夫·乔布斯等，他们的子女几乎都不具备杰出的创业才能。其二，很多“创一代”企业家的后代，往往会转变职业和人生的方向。股神巴菲特的小儿子彼得·巴菲特曾在斯坦福大学攻读工商管理专业。但他在大二的时候，发现自己更喜欢音乐，于是离开学校，成立了音乐工作室。而他的哥哥姐姐，同样没有选择继承家业。其三，财富流动的变数。一个人可以通过房地产赚取很多财富，但如果他之后投资了一个不太好的行业，那么他的财富就会缩水，甚至消失。所以说，“三十年河东，三十年河西”，财富总是流动的。19世纪，美国很多企业家通过钢铁业、运输业和其他行业赚了很多钱，人们将这批人称为“old money”。到了20世纪初期，很多人把赚来的这些钱投到华尔街的股票市场，结果遭受了巨额亏损，不少人甚至倾家荡产。但与此同时，也有一些新兴行业崛起，造就了新的富豪，人们称其为“new money”。“old money”和“new money”，有旧财富和新财富的说法，也可以理解为老贵族和新贵族。

所以，“富不过三代”是有着深刻的经济、社会方面的原因的。那么如何解决这个问题呢？其实，借助现代公司治理方法、现代金融手段和金融工具就可以有效地实现财富的传承、转换和保值增值。

在这方面，有一个突出的例子，那就是洛克菲勒家族。约翰·洛克菲勒是美国 19 世纪的“石油大王”，也是人类经济发展史上的伟大人物。他在 20 多岁时进入石油行业，是石油行业的创建者之一。大约 1910 年时，洛克菲勒的个人财富已经超过 10 亿美元，这在当时是一个难以想象的天文数字。洛克菲勒家族的财富管理经验概括起来主要有四个方面。

一是建立现代公司治理架构，确保公司的基业长青。美国很多公司都建立了完善的现代公司治理架构，也就是说，不一定是创始人的后代担任董事长和总经理，这些职务也可以由职业经理人担任。美国的很多大公司，包括标准石油公司、通用电气等，都以股份有限公司的形式，让职业经理人充分发挥他们的特长，以实现公司的平稳发展。可以说，股份有限公司及其相关制度安排是人类历史上最伟大的金融创新之一，它不仅仅是公司的组织创新，也是一个伟大的金融创新。

二是通过建立家族信托基金，委托专业人士来管理家族的财富。现在的家族办公室（family office），其实就是对家族财富进行管理的专门机构。而委托专业人士来管理家族财富的方法，最早就是洛克菲勒家族开创的。

三是专注于长期投资。洛克菲勒曾大量地投资大学、医学院和医疗机构等。这样的投资是一种非常好的长期投资。一般而言，大学一旦建立起来，往往会越办越好、越办越大，因为教育是人类真正需要的事业。所以，专注于长期投资，是最有效的投资。现在中国很多企业家已经把他们的部分财富转到教育、医疗、科研等方面，并且也在逐渐收获成果。

四是专注于最新科技的投资。洛克菲勒家族通过风险投资基金等，与时代保持同步，把财富投资到最前沿的行业。硅谷最早用风险投资基金创办的企业，就是创办于1968年、而今大名鼎鼎的芯片巨头英特尔公司。当时参与风险投资的机构之一就是洛克菲勒基金会。

总的来说，洛克菲勒家族的财富之所以能够持续传承下去，就是因为他们充分运用了各种金融工具和金融手段，特别是利用了风险投资，以及家族信托等各种金融工具。这样做，一方面确保了洛克菲勒家族的财富能够转化为社会财富得以传承，另一方面也能够使其财富不断跟随新的行业和经济发展的新趋势而不断增值。

很多人都会关心一个问题，中国在50年、100年，甚至几百年以后，会不会成为一个真正且能长期繁荣富强的国家。

我们可以看到，欧洲的瑞士、荷兰、英国，北美洲的美国、加拿大等，之所以能成为富裕的国家，是因为它们经过了几十年甚至几百年的财富积累和不断传承。所以，研究宏观经济学，除了研究经济增长模型以外，还要研究财富的传承转化和财富的保值增值。特别是财富的传承和转化，这些与财富的增长同样重要。如果一个国家的某一代人创造、积累的大量财富，到第二代、第三代就没有了，那么这个国家是不可能实现持久的繁荣富强的。所以，无论大国还是小国，其财富都需要创造、积累和传承，以及转化。什么是转化呢？我们知道，财富有很多形式，通常所讲的财富，是指银行存款、股票市值、债券和房子等物质财富。物质财富很重要，但并不是最持久和最重要的，我们需要把物质财富转化为国家财富和社会财富。所谓把物质财富转化为国家财富和社会财富，并不是让国家没收富人的财富，然后分给社会上的每一个人，而是指富人可以把一些物质财富转化为整个国家和社会都能够分享的成果，比如，可以转化成为著名的大学、研究机构，以及各种公共服务设施等。这方面最典型的例子在美国。

美国的强大和富裕有很多表现形式，比如，人均收入高、军事力量强大等。但其中一个最显著的表现形式就是，美国有很多世界顶级的大学和研究机构，其中很多都不是由政府出资创办的，而是由企业家和投资者捐资创办的。美国有两所大学是最难进的，录取率只有 5%，一所是哈佛大学，另一所是斯坦福大学。它们都是私人捐资创办的大学。以斯坦福大学为例，它是由美国的“铁路大王”斯坦福夫妇捐资 2 000 万美元创办的。今天斯坦福大学是世界著名大学之一，其当前的价值，没有人能够估算出来。这个例子说明，企业家和投资者可以把他们的个人物质财富转化为真正的国家财富和社会财富。他们也因此而可以创造历史。

虽然“富不过三代”的说法包含了非常重要的道理，并从一个侧面揭示了人类经济体系和人类社会演变发展的一个内在趋势和规律，但是通过现代公司治理方法、现代金融手段和金融工具，可以有效地解决这个难题，让企业家和投资者的财富，乃至整个国家的财富世世代代传承下去，并且实现保值和增值。

财富代代相传，才能实现富民强国

现在，我们继续深入探讨金融工具和金融手段是如何能够帮助我们实现财富的积累传承和富民强国的。

每当谈到这个话题的时候，我最喜欢举的一个例子就是世界富国之一瑞士。瑞士人很骄傲地称他们的国家是地球上的“天堂”。瑞士不仅经济发达，而且自然风光也非常优美。这是因为瑞士在发展经济的过程中，没有破坏自然环境。那么，瑞士是如何在保护环境的同时，做到年人均收入高居世界前列的呢?

瑞士自 1291 年成为一个政治独立的国家后，在欧洲战火纷飞、战乱频仍的数个世纪里，始终没有被卷入任何战争。瑞士能够享受长期的和平环境，并能够持久地把财富传承下来，这是非常了不起的。

任何国家或地区，如果创造的财富不能积累下来，不能代代传承，那么就不能富裕。英国为什么能成为一个富裕的国家?因为从 1688 年“光荣革命”之后，英国国内就没有爆发过大的冲突。而美国从 1776 年建国以来，除了 19 世纪中后期有一次南北战争以外，其他时期都是比较安定的。所以我们可以看出，如果一个国家没有一个和平的环境，就不能长久地积累财富，也就不可能富裕。

从这个意义上讲，要实现财富的积累，第一就是要对产权进行妥善保护。要建立一个法治社会，妥善地保护个人的私有产权。如果一个好不容易积累了一些财富的国家，过一段时间就会发生一次动乱，那么其财富就会灰飞烟灭，这是非常可怕的。今天的全球竞争，其实是人才和金钱的竞争。只有实现法治的国家，才能够保障基本的人权和人民的财产安全，这样财富才能得到传承和积累。

第二就是确保金融工具的多元化和金融市场的多层次，前文中已有详述。美国、英国、瑞士等国家，在吸引全球资金方面具有独特的优势。特别是美国和英国，它们利用纽约和伦敦庞大的金融市场，吸引了大量的资金流入，就是因为这些金融市场可以提供很好的财富管理手段。

第三是金融要努力地把资源不断地配置到新兴科技和新兴产业中，以促进国家的科技发展和产业发展。一般而言，金融有三类。第一类是传统的金融，传统的金融就是通常所说的银行金融。第二类是资本金融，也就是通过股票或债券等进行直接融资。现在大家非常熟悉的风险投资和私募股权投资，就属于资本金融。第三类是创造性金融，这是我提出的一个新概念。所谓创造性金融，就是利用金融，把资源转化后用于推动、支持或资助基础科学研究，特别是面向未来的突破性或原创性基础科学研究。对于这三类金融，我们都需要发展，不可偏废。

第四就是要利用金融工具实现财富的不断转化。前文中我们讲了如何将个人财富转化为社会财富、国家财富，以及人类财富。这种转化不仅需要个人观念的改变，还需要国家在金融工具和法治方面的重要改变。比如，一个国家如何立法，立法后又怎样才能通过税收等各种手段，鼓励企业家和富人把钱捐赠给研究性大学和科研机构等，把他们的部分财富转化为社会的精神和文化财富，是很重要的。只有精神和文化财富才是真正长久的，才是一个国家富裕发达的真正源泉。

作为一个发达国家，美国的强大，不在于完善的基础设施，而在于数百所世界顶级大学。哈佛大学、普林斯顿大学、耶鲁大学、麻省理工学院、哥伦比亚大学、芝加哥大学、斯坦福大学等知名学府是美国在全球拥有竞争力的核心和关键，是美国真正了不起的财富。

新金融时代将下一盘怎样的棋

新金融时代是指新兴科技所带来的金融革命。这个话题非常复杂，也非常有意思，受到很多人的关注。我们都可以感受到新兴科技给金融带来的革命性变化，其中最直接的感受就是互联网、人工智能、大数据、云计算等新兴科技给金融带来的巨大变化。比如，前些年，我们出门的时候还要带现金，转账还要到银行办理。而今天只需一部手机，几乎就可以完成我们一切的支付活动。这就是金融的重大革命。

今天，通过移动互联网手段，我们不仅可以实现移动支付，还可以实现远程开户和远程贷款。其实，移动互联网在金融方面的应用，远远不止这些。通过各种新兴金融科技手段，银行可以对企业进行信用评估和信用数据征集，使征信手段不断完善，不断改进金融风险防范系统。可以说，以移动互联网、人工智能为代表的新兴科技，已经在改变金融的每一个环节。

人类货币可能会出现一个革命性的变化，即数字货币取代纸币成为通用的货币形式。有人认为，未来人类货币的发行方式、管理方式和控制方式，都将被区块链彻底改变，中央银行也会被取代。现在，各国货币的发行、管理、调控，主要是由各国的中央银行来完成的。将来区块链技术发展成熟以后，全球的中央银行可能会被取代，甚至会过渡到一个人人都能够发行货币的时代。当然，现在这只是人们的一种设想。我认为，人人都能够发行货币，中央银行完全被取代，在理论和实践上不太现实，但在技术上是可以做到的。

2019 年，Facebook 宣布推出加密货币“天秤币”（Libras）的计划，并发表了关于大秤币的白皮书。这不仅引发了各国中央银行的热烈讨论，还吸引几乎所有的科技公司参与了讨论。那么，天秤币有什么特征？它与之前人们谈论的所谓“法币”有什么不同？为什么会引起如此热烈的讨论呢？

通过研究可以看出，天秤币至少有三个非常重要的特征。第一，天秤币是一种稳定币。以前的各种货币（包括比特币）并没有价值做背书，而天秤币宣称要用美元作价值保障。也就是说，天秤币可以按照一个固定的汇率兑换成美元，这与之前的很多数字货币有着根本的不同。至于 Facebook 能不能做到这一点，美联储以及美国国会是否同意，目前还存有争议。但至少Facebook提出的这个概念，引起了人们极大的兴趣。如果天秤币真正的价值支持是美元，那么就类似于与黄金挂钩，天秤币就具有了比较稳定的价值基础。第二，天秤币的发行机构是独立于Facebook的。Facebook表示要在瑞士成立一个新的机构，独立负责天秤币的运作。这也与以前的数字货币发行机制有所不同。这可以理解为要成立一家新的中央银行来发行、管理、调控天秤币。第三，Facebook发表天秤币白皮书以后，全球很多大的金融机构，包括Visa，都宣称要加入，成为天秤币联盟的一员。这一联盟负责天秤币的发行、管理和调控。由此可以看出，Facebook发表的天秤币白皮书，其实已经给未来的人类数字货币描绘了一个新蓝图。这个新蓝图，就是人类可以成立一家新的中央机构，来发行一种新的货币，这种新的货币又可以与现有的货币，即美元，实现固定的兑换。这个方案一旦付诸实施，就会对全球金融货币格局产生极其深刻的影响。据《连线》网站报道，2017年Facebook在全球的用户数量已达20亿，如果天秤币能够成功发行，全球的Facebook用户就都能够使用天秤币，它就将成为全球第一大数字货币。如果它真能实现与美元的兑换，那就意味着天秤币有可能突破全球很多国家的国内支付交易体系，变成一个真正的全球性交易货币。到时候，如果有一个用户持有天秤币，那么理论上他能在世界上任何地方将其兑换成美元。这就是Facebook天秤币发行计划引发全球热议的原因。

天秤币只是人类新货币、新金融发展过程中的一个典型事件。实际上，每一次科技浪潮必然都会带来货币和金融的革命。人类每一次的科技进步，无论是造纸术的发明，还是电报、电话的发明，无论是计算机的发明，还是互联网的发明，都带来了金融的革命。毫无疑问，人工智能等新兴科技，特别是区块链技术的发明和发展，也必将带动人类金融迈向一个新的时代。

有一种观点认为，如果区块链技术在未来能够普及，那么将来每个人都能成为银行家，所有的金融机构可能都会消失。如果每个人都能通过全球性的区块链网络自由地进行各种金融工具和金融产品的设计，也能进行各种金融产品的买卖，那么每个人都可以既是投资者，又是储蓄者，还是金融产品的设计者和发行者。这样的一个新金融时代，就需要一个完全民主、开放、多元、包容、自由的全球金融平台。那么，全球新金融时代什么时候能真正到来呢？这可能还需要我们用非常漫长的时间去探索。但这个前景是确确实实存在的。

什么是影响力投资和 ESG 投资

影响力投资也被称为公益创投或社会投资，在美国已经有二三十年甚至更久的历史了。比如，1971 年福特基金会推动创立的共同基金集团，获得诺贝尔和平奖的穆罕默德·尤努斯（Muhammad Yunus）于 1972 年创立的格莱珉银行，都属于公益创投机构。影响力投资就是利用金融资源帮助创建社会公益事业，助力解决一些营利性金融机构无法或不愿意解决的问题，如扶贫、支持“三农”、扶持弱势群体、创建普惠性社会基础设施等。

2007 年，美国洛克菲勒基金会率先提出“影响力投资”理念，倡导资本通过有经济效益的投资来助力公益事业。2010 年，美国投行摩根大通与洛克菲勒基金会联合发布报告《影响力投资：新兴的资产类别》（*Impact Investments: An Emerging Asset Class*），将影响力投资界定为一种新型资产类别，由此确立了影响力投资在投资界和公益界的地位。瑞士信贷认为，影响力投资是一种致力于实现双重目标的投资类型，它既能够创造可测量的社会影响，如创建了多少项可以实际运用的公益事业，又能够实现财富增值。通俗地讲，影响力投资是一种既能做好事，又能赚钱的投资。或者说，影响力投资是一种因为自身就能赚钱，从而能够持续做公益的投资。因为大多数公益事业的投资是没有任何金钱回报的，所以都需要持续不断的捐款或赞助来维持。影响力投资的主要目标有两点：一是改善社会底层人民的民生；二是通过投资行为和金融手段促进正面的社会和环境效应，如环境保护、环境治理、水土保持、基本医疗保障、文盲消除、疑难病治疗，以及文化艺术传播等。

尽管第一次工业革命之后，人类一直在努力寻求经济增长和消灭贫苦的方法，但今天世界上多数国家依然是穷国，多数人依然是穷人，即使是欧洲、美国、日本等发达国家或地区，也有很多穷人。贫穷仍然是人类面临的最大问题。

杨振宁教授在一次演讲中提到了他以前在石溪大学的同事詹姆斯·西蒙斯（James Simons）[①]。西蒙斯本来是一位很成功的数学家，他于 20 世纪 80 年代放弃数学研究，投身华尔街做金融交易，并很快成为一名最耀眼的明星投资者。有传闻说，他在最辉煌的时候，年收入超过 10 亿美元。当西蒙斯赚了很多钱之后，他开始关注大多数人的贫困问题。

21 世纪初期，西蒙斯访问中国后，杨振宁教授问他："你对中国有什么感受？"西蒙斯答："我觉得当今世界最大的问题是太多人太贫穷。中国的 14 亿人依靠自己的双手在不断地摆脱贫穷，这是一件了不起的大事，是对人类和世界的贡献。"西蒙斯后来捐了很多钱做公益事业，包括给中国的清华大学捐资修建"陈—西蒙斯"专家公寓楼。

所以，影响力投资的基本目标是帮助人们尤其是发展中国家的底层人民。尤努斯创建格莱珉银行，就是为了帮助最贫穷的农民实现温饱和致富的梦想，此举尽管不如想象得那么成功，但仍是影响力投资的典型案例。

我们常说的"生产性扶贫"也属于影响力投资。扶贫有多种方法，其中最

① 詹姆斯·西蒙斯为人极度低调，关于他的文章和报道甚少。如果想更多地了解他的传奇故事，可以参考《华尔街日报》特约撰稿人格里高利·祖克曼的作品《征服市场的人》。本书中文简体字版已由湛庐策划、天津科学技术出版社出版。——编者注

简单的就是直接将钱捐赠给贫困的人。但是，当穷人将有限的钱花光之后，依然是贫困的，脱贫只是暂时的。要想实现可持续的脱贫，就要帮助、引导和支持贫困人群从事投资和生产性活动，如引导和支持山区农民种植水果、茶叶、蔬菜、药草，或者从事各种养殖活动，以减少他们对单纯种田的经济依赖，增强劳动生产力。影响力投资可以帮助贫困农民引进技术和资源，如资助城市中的科技人员到乡村给农民传授种植技术、帮助建立销售渠道并拓展市场，或者帮助改善农村的基础设施等。不过，与主流的风险投资或一般的金融投资相比，影响力投资虽然也追求投资收益，但对投资收益的获取方式和收益率的要求更为灵活，投资收益期也更长。因此，人们有时也将影响力投资称为“耐心资本”。当然，影响力投资本身就是强调投资的回报是影响，而不是收益。

除影响力投资外，还有一个新的投资概念，那就是社会责任投资。社会责任投资与影响力投资这两个概念很相近，区别在于社会责任投资比较注重对某些社会重大问题的预防和改进，而影响力投资则比较注重对某些社会重大事业的创建和发展。

社会责任投资中最有名和最时髦的就是环境、社会和公司治理（Environment, Social & Governance，以下简称 ESG）投资。ESG 投资的概念最早是由联合国环境规划署于 2004 年提出的。经过很多机构和人士的全力倡导和弘扬，目前 ESG 指标已经成为衡量公司，尤其是上市公司，是否具备足够社会责任感的重要标准。据南方电网能源发展研究院统计，2014 年以来，ESG 资产管理规模以每年 25% 的速度增长。越来越多的公司、投资者，甚至是监管机构都开始关注 ESG 投资，全球范围内各大证券交易所也对上市企业的 ESG 投资做出定量衡量标准，发布了很多针对 ESG 投资的信息披露要求。越来越多的商业银行也开始高度关注企业的 ESG 指标，将 ESG 指标与企业能否获得银行信贷直接挂钩。

具体地说，ESG 指标要求企业高度重视三个方面的投资。一是环境保护和环境治理方面的投资；二是履行社会责任方面的投资；三是企业自身治理架构完善方面的投资。通俗地说，就像一个人要做到内外兼修一样，企业也要做到内外兼修，不能只顾着赚钱，还要充分履行社会责任；既要做到自身德行端正——治理架构透明、无腐败堕落、充分保障每一个股东的利益，又要做到外部形象正面——没有污染环境、不恶意压榨员工、不破坏社会和谐。

目前，ESG 投资可以分为两个主要领域：一是企业自身的 ESG 投资；二是投资者成立专门的 ESG 基金，专注于投资 ESG 指标优秀的企业。

企业自身的 ESG 投资主要致力于三个方面：一是企业自身加大对环境保护方面的投资，尤其是尽量约束碳排放、尽量通过技术创新和设备更新减少碳排放、减少对水的污染、尽量按照最高和最严格的标准实施企业自身的环境治理。二是高度关注企业自身的社会责任。首先，不能制造假冒伪劣产品坑害消费者，必须严格遵守各种产品质量标准，做良心产品，提供良心服务，对得起消费者。其次，妥善保护企业员工的利益，通过建立企业年金等方式，为员工提供坚实的退休保障。三是完善企业治理结构，做到合法、公正、透明，有效保障股东尤其是小股东利益，保护投资者利益，坚决避免内部人控制、操纵股价、内幕交易等各种违法行为的发生。

很多国家的政府和监管部门已经开始制定各种政策、采取严厉的监管措施，促进企业加大 ESG 投资力度。相关政策和措施包括：严格企业和行业的环保标准和碳排放标准，提高碳排放价格；要求企业定期发布社会责任报告；要求企业严格履行各项公司治理的法律法规，对内部人控制、内幕交易和操纵股价行为给予最严厉的惩处；等等。

一些投资机构也开始推出专门的 ESG 基金。ESG 基金致力于从上市公司中挑选那些在 ESG 领域做得比较好的公司，构建投资组合，以便为投资者提供相对安全和具有持续稳定回报的投资产品。不过目前这方面的成功案例还不是很多。

第 4 章

财政和税收

美国开国元勋本杰明·富兰克林有一句名言：人的一生有两件事不可避免，一是死亡，二是纳税。

政府一旦存在，就必然需要财政和税收。把控财政和税收时，政府必须时刻掌握好中庸之道。若税收太少，则政府捉襟见肘，难以运作；若横征暴敛，则必然导致经济衰退和民生凋敝。

历史上，不少经济学者为探索财政和税收的中庸之道而殚精竭虑。令人欣慰的是，经济学者已经找到了微妙的中庸之道，就看执政者能不能谨慎运用了。诚可谓“运用之妙，存乎一心”。

中庸之道是永恒之道，贯穿一切经济学思维。经济学的全部智慧，一言以蔽之，中庸也！《中庸》有言：“天下国家可均也，爵禄可辞也，白刃可蹈也，中庸不可能也。”

政府为什么要收税

税收在人类文明史上由来已久，可以说，自人类社会出现以来，税收就一直存在。历史学家、考古学家和经济学家曾发现大量证据，证明了在几千年以前的部落社会也有税收。

税收有两种主要征收方式。一种是实物税收，最直接的方式就是人民需要向政府缴纳粮食或其他各种物品。古时的徭役和兵役在本质上也属于实物税收。另一种是货币税收。随着人类社会的进步，实物税收逐渐淡出历史舞台，取而代之的是货币税收。在纸币出现以前，人们主要以金和银的形式缴税。有了纸币以后，人们缴税主要以纸币形式。在如今的电子货币时代，人们缴税就更便捷了，只需在网上操作即可。

政府为什么要收税？这个问题听起来似乎很简单，详细回答起来却并不容易，它与政府的作用密切相关。

自古以来，政府主要有三个方面的作用。一是保障国防安全。为了保障国家的安全，就需要建立政府；政府要组织军队，就需要税收的支持。二是建设社会保障体系。为了健全和保障国内的各种安全措施，特别是公检法司系统，政府必须要有庞大的税收支持。三是建设大型基础设施。我们知道，世界上很多大型基础设施是个人或者民营企业无法承接的，需要由政府筹资来进行运作和建设。这些大型基础设施，包括防洪、防灾、水土保持，以及大型桥梁、高速公路、铁路、码头等。这些大型基础设施投资回报期非常长，且投资回报率可能非常低，所以民营企业通常也难以承担。但是这些设施又是一个国家所必需的，所以只能由政府筹资来建设。

随着人类社会的进步，今天在政府财政支出中占比最大的已经不是国防和基础设施建设，而是社会保障支出。美国、欧盟、日本等发达经济体，其政府财政开支中有 40% ～ 60% 用于社会保障，这是一个很大的比例。因此，为了提供完善的社保体系，政府也必须收税。

政府收了税，然后用之于民，也就是说，政府必须把税收用于满足人民所需上，包括保障国防安全、维护公检法司系统、建设基础设施、发展国民教育，以及完善社会保障体系等。所以，财政和税收的基本问题，就是财权和事权如何实现统一，这也是经济学者研究各国税收体系的一个非常重要的问题。

拉弗曲线：税收的中庸之道

政府的财政和税收是我们每个人都非常关心的问题。坦率地说，无论是企业家，还是普通老百姓，都不愿意多缴税，但同时我们又希望政府能够为自己提供更多和更有效的公共服务。所以，财政和税收就是一对矛盾体。如何在财政和税收，以及债务和赤字等方面维持一种巧妙的平衡，实际上是全世界所有政府都面临的重要问题。

这些问题其实并不太容易回答。千百年来，经济学者、政治学者和政府决策者一直在围绕这些问题进行深入思考。很明显，如果税负太重，老百姓不堪忍受，就会造成社会的不稳定，甚至导致政府垮台。但是，如果税收得太少，或者收不上来，那么政府的各种职能，如保障国防安全、建设完善的社会保障体系等目标，就无法实现。这样一来，经济的发展、社会的和谐稳定就会受到重大影响。这就需要学者和政府决策者研究如何在两个极端之间找到一个中庸之道。可以说，税收的中庸之道，与家庭理财、个人理财在原理上是相通的。对于每个家庭和个人来说，理财就是要尽可能地做到增收节支；对于国家而言也是如此。

一个人要增收节支，就要尽可能多地创造收入，同时制定合理的支出规划。同样，政府要增收节支，就要在税收方面有合理规划：一方面要通过各种方式激活经济，让企业赚更多钱，让老百姓的工资不断增长，这样就增加了税源；另一方面，要尽可能节省开支，把每一分钱都用在真正对老百姓有益的方面。

现在人们普遍认为，在生产领域，要尽可能减少生产环节的税收，让企业减负，这样企业就可以多雇人、多投资、多赚钱，促进经济繁荣。同时，政府可以对个人，特别是高收入人群征收更多的个人所得税，以缩小贫富差距。目前，世界各国的个人所得税都采用累进所得税制。累进所得税制意味着，收入越高，缴税的税率就越高。比尔·盖茨、沃伦·巴菲特等世界级富翁就曾提议向富人征收更多的税。中国除了实行累进所得税制之外，还在不断提高个人所得税的征收起点。这些做法都是通过让富人多缴税，达到让穷人少缴税的目的。

美国经济学家阿瑟·拉弗（Arthur Betz Laffer）在美国里根政府减税工作中做出了重要贡献。当时美国的税率很高，有些人认为税率高是好事，因为政府多征税可以多办事。时任总统经济政策顾问委员会成员的拉弗却不赞同这一观点，他认为：一般情况下，税率越高，政府的税收就越多，但当税率超过一定限度时，税率越高，政府的税收反而越少。原因是，税率过高会导致企业经营成本提高，企业家投资生产的积极性就会大幅降低，投资减少，收入减少，即税基减少，税收也就会减少。当然，如果税率太低，也不行。基于此，拉弗绘制了描述税收和税率之间关系的曲线，即拉弗曲线。据说该曲线最初是在华盛顿饭店的餐巾上画的。拉弗根据该曲线，向当时的美国总统里根建议，美国的税率不是太低，而是太高了，美国应该降低税率。后来，拉弗曲线成为美国里根政府减税政策的基本理论依据之一，同时也是里根经济学的重要支柱。美国特朗普政府于2018年开始实施减税政策，该减税政策的理念和理论基础与里根政府在20世纪80年代的减税政策非常相似。特朗普对拉弗非常推崇。2019年6月，特朗普总统给拉弗颁发了总统自由勋章，以表彰他绘制了拉弗曲线。

其实，拉弗曲线就是税收的中庸之道。政府应该知道，对不同的税种要制定不同的税率，同时，对税种也要进行仔细甄别，了解哪些税种应该征收，哪些税种不应该征收，哪些税种应该多征收，哪些税种应该少征收。比如，对于烟、酒、奢侈品等非必要且不鼓励的消费品，可以多征税；对于日常生活必需的消费品，应该尽可能少征税或不征税。

赤字和债务：寅吃卯粮的“空手道”

赤字和债务，是世界上每个政府都面临的一个重大问题。不管是中央政府，还是地方政府，与大多数人一样，通常遇到的问题都不是钱花不完，而是钱不够花。

个人在钱不够花时会去借钱，政府也一样。政府借钱的方法通常有两种。

第一种方法是组建地方融资平台。比如，当地方政府要做一些大型基础设施项目时，就会组建地方融资平台，然后向银行大量借钱。今天中国政府面临的主要债务问题就是，地方政府的融资平台有大量负债。第二种方法是通过发行政府债券的方式来向社会公众借钱。这种借钱不是一对一地借钱，而是通过发行可以买卖的债券来向公众借钱。前文提到过，这种方法最先出现在 12 世纪的威尼斯。当时，为了给战争筹资，威尼斯人就想出了发行债券的方法。这些债券的面值可以设计得很小，不管是富人还是穷人，都有能力购买；同时，这些债券也可以转让。债券持有人需要钱的时候，可以把手里的债券卖掉，这样就可以拿回本金，甚至可以获得收益。可以说，这是政府筹资方面的一个伟大创新。

18—19 世纪，正是英国和法国争夺欧洲霸权，乃至世界霸权的时候。虽然法国的人口更多、国土面积更大，但却是英国最终取得了胜利。有历史学家认为，这是因为英国把债券这一金融工具运用到了登峰造极的程度，把国家资源充分动员起来，以小国之力战胜了大国。由此可见，债券在世界历史上发挥了非常重要的作用。

电视剧《走向共和》中有相当多的剧情在讲李鸿章如何倾尽全力为北洋水师筹集资金。当时的清政府财政已经捉襟见肘，慈禧太后又将大量资金用于修建颐和园，因此北洋水师成立后多年无钱添置新的舰艇和炮弹。在中日甲午战争中，当装备有世界上最先进的战舰的日本海军悍然向北洋水师发起进攻时，北洋水师毫无还手之力，全军覆没在所难免。北洋水师的全军覆没标志着中日甲午战争中中国惨败。这不仅是中国历史上一个极重要的转折点，更是亚洲乃至世界历史的一个重要节点。

我认为，如果当时清政府或李鸿章能够利用金融市场和债券市场为战争融资、为北洋水师筹款购买最先进的战舰和炮弹，在中日甲午战争中中国或许就不会失败，甚至能够取胜。如此一来，中国历史和世界历史就会被彻底改写。

但是历史不能假设，我们能做的就是对历史进行反思。中日甲午战争中北洋水师全军覆没的原因固然有很多，但当时清政府没有足够的资金扩军备战，一定是战败的重要原因之一。金融市场和债券市场对国家的重要性不言而喻。

美国在独立战争中也是通过债券来融资的。当年美国为了摆脱英国的殖民统治，通过债券在欧洲大陆融到了一大笔资金，为支持美国军队对战英国军队发挥了巨大的作用。建国以后，在历次战争中，美国都是通过债券融到了大量资金。特别是在第二次世界大战期间，美国的债券支持了全世界的反法西斯战争。世界各国政府不仅在战争期间通过发行债券来为军队融资，在和平时期也通过大量发行债券来为政府融资。这些融资有的用于社会保障支出，有的用于投资，有的用于国防、教育等方面的支出。现在很多国家的国债规模已经超过了自身的GDP规模。全世界国债规模占GDP比例最高的是日本。截至2021年，日本的国债规模已经是其GDP的2.5倍，这是一个非常惊人的数据。

改革开放以前，中国有一种经济思想，叫“既无内债又无外债”。因为当时中国实行的是计划经济，所以既不主张对内借债，也不主张对外借债。也就是说，在改革开放以前，中国没有资本市场。改革开放以后，中国开始发展债券市场，今天中国的债券市场包括中央政府和地方政府发行的各种债券，以及企业和金融机构发行的各种债券。近年，这些债券的规模在快速增长，截至2022年10月，中国债券市场规模已经达到152.04万亿元，这为筹措国内建设资金发挥了巨大作用。

政府的债务和赤字是“毒药”还是“良药”？

蒙代尔是研究货币理论和宏观经济的权威，他曾经写过一篇长达100多页的文章——《宏观经济模型中的债务和赤字》(*Debts and Deficits in Alternative Macroeconomic Models*)。在这篇文章中，蒙代尔从休谟、亚当·斯密开始追溯，描述了一二百年来经济学者是如何看待政府的赤字和债务问题的。休谟和亚当·斯密所处的 18 世纪 60 年代，正是英国爆发第一次工业革命的时代，同时也是英国和法国争夺欧洲霸权和世界霸权的时代。前文提过，英国战胜法国，夺得欧洲霸权，乃至世界霸权，就是因为英国充分利用了债券为战争筹资。奇怪的是，当时以休谟、亚当·斯密等为代表的古典经济学派坚决反对英国发行规模如此庞大的国债，他们认为这样的国债规模最终会毁掉英国。后来的大卫·李嘉图（David Ricardo）同样也认为，这样的国债是不好的。从蒙代尔教授写的文章中我们可以发现，绝大多数经济学者都是反对政府过度借债的。但是至少有一个人是例外，那就是凯恩斯。后面我们会谈到，凯恩斯之所以被称为现代宏观经济学的鼻祖，一个最重要的原因就是，他认为财政赤字扩张对于管理经济，特别是刺激经济、帮助经济摆脱衰退，是非常必要和重要的，所以他是支持政府借债和财政赤字的。

古典经济学派与凯恩斯主义经济学派这两派的经济学者谁对谁错，是一个很重要的学术问题。从结果来看，古典经济学派，特别是休谟、亚当·斯密和李嘉图是错的。在休谟、亚当·斯密反对英国大量发行国债时，英国国债在国民财富中的占比还不是很高。到了 1815 年，英国国债达到 8.6 亿英镑。正是滑铁卢战役最终奠定了大英帝国辉煌巅峰的基础之时。当时，英国战争开支的大部分是通过国债融资获得的，国债规模是政府财政收入的很多倍。但是，英国不仅没有被国债压垮，反而赢得了战争的胜利，成为称霸全球的大英帝国。

其实，现在有很多经济学者仍然持有和休谟、亚当·斯密同样的观点。他们认为，政府借债不是一件好事，政府债务越少越好，政府最好不要借债。但是历史经验告诉我们，政府借债如果不是特别过度，就是一件好事。

需要注意的是，政府如果大量举借外债，那么要非常小心。如果政府是用本国货币借债，比如中国政府用人民币向本国的老百姓发行国债来借债，那么在归还债务的时候，就没有货币汇率问题。但是，如果中国政府通过大量发行美元债券和欧元债券来借债，那么到了归还债务的时候，政府既不能印发美元钞票，又不能印发欧元钞票，而是必须通过贸易来赚取美元和欧元来还债，这样就可能出现流动性危机或者汇率危机，进而引发债务危机。无论是1997年的亚洲金融危机，还是2010年欧洲债务危机，主要原因都是政府大量借外债，特别是美元债券，却无力偿还。

由此可以看出，对于一国政府来说，举借内债要相对安全一些，因为国内市场是可控的。比如前文提到的，截至2021年，日本的国债已经是其GDP的2.5倍，而且它在这之前很长一段时间里都维持在一个非常庞大的规模，但是截至2022年6月，日本从来没有出现过债务危机。原因非常简单，就是日本国债主要是内债，很少有外债。

实际上，对于人民而言，国债是一种非常重要的理财工具。购买国债，可以获取固定的回报，而且国债非常安全。特别是长期国债，虽然收益率很低，但是风险相对会小很多。在日本，国债对于日本很多老百姓来讲，是一种非常重要的资产配置。

美国也有大量国债，其中包括很多外债。有人担心说，美国国债越来越多，美国会不会不还了？其实，这也是杞人忧天。因为美国国债是以美元计价的，其本身的货币就是美元，所以理论上它可以通过印发美元来还债。而在历史上，美国国债从来没有违约过，这也是全世界很多大型机构，包括各国的中央银行，以及各种主权财富基金都愿意持有美元国债的重要原因。这也是美国因金融霸权、货币霸权而拥有的独特优势。所以，一国政府只要用本国的货币借债，风险在一定程度上是可控的。

总体来说，新兴市场国家和发展中国家出现债务危机，绝大多数不是因本国货币借债引发的，而是因美元债、欧元债而引发的。所以，要判断政府的债务和赤字是“毒药”还是“良药”，需要具体情况具体分析，特别是对内债和外债，要做严格的区分和详尽的分析。

全球债务危机：何日君再来

休谟、亚当·斯密等经济学家都反对政府过度借债。从原理上讲，这是对的。但是，从现实来看，政府的债务却是一直在增加的。

2008 年全球金融海啸发生以后，美国马里兰大学经济学教授卡门·M. 莱因哈特（Carmen M. Reinhart）和哈佛大学经济学教授肯尼斯·S. 罗格夫（Kenneth S. Rogoff）于 2009 年合著了《这次不一样：800 年金融荒唐史》一书。在这本书里，莱因哈特和罗格夫提出了一个观点：之所以会出现 2008 年金融海啸、2009 年全球性债务危机以及 2010 年欧洲债务危机，就是因为政府过度负债。他们总结历史经验教训，提出了一个指标：政府的负债总额不能超过 GDP 的 90%，如果超过 GDP 的 90%，那就有可能出现债务危机。这个指标提出来以后，引发了全世界很多人的讨论。那么，指标 90% 是一个经验规律，还是理论上推导出来的一个结论呢？答案是前者，不过这个经验规律似乎并不普遍适用，比如前文中提到的日本就是一个例外。

自《这次不一样：800 年金融荒唐史》出版以后，人们对债务问题的讨论进入另一个层面，宏观经济学中出现了一个新的理论，即现代货币理论。现代货币理论听起来是讲货币的，但其实主要是讲政府可以无限度地借债的。政府为什么可以无限度地借债呢？前文已经说过，如果政府用本国货币计价来发行国债，就不用担心出现汇率问题，也就不会出现外债危机。因为如果实在没有钱了，政府可以印发钞票来还债。

2011 年，美国因 2008 年金融海啸的影响而出现经济衰退，国际评级机构标准普尔把美国国债的信用级别从原来的 AAA 下调至 AA+，对此很多人担心美国要违约。时任美联储主席、著名经济学家本・伯南克马上发表讲话安抚全世界：你们不用担心，美国国债是不会违约的。因为美国国债是以美元计的，到还债时，美国以美元还给你们就可以了，而且美国印发 100 美元钞票的成本只有 4 美分，成本是很低的。这些话听起来很刺耳，但也是事实。一国政府的债务如果用本币计，那么似乎可以无限度地借下去，这是现代货币理论的一个基本要点，也是今天各国政府一旦遇到经济衰退，就会马上大量借债来刺激经济的一个理论根据。日本从 20 世纪 90 年代开始，30 多年来基本上一直采取的就是这个政策。

但是这个政策真的这么有用吗？也就是说，政府真的可以无限度地借债吗？从中庸之道的基本哲理来讲，政府举债过高，对经济金融体系是非常不利的。经济学者一直在分析政府举债对经济的伤害来自哪里，简而言之，伤害主要来自两个方面。一方面，政府会消耗社会资源。政府花的钱越多，消耗的社会资源越多，民营机构，如企业，能使用的社会资源就越少。通常来讲，政府利用资源的效率要低于民营机构。所以，如果政府借钱太多，消耗或者掌控的资源太多，那么民营机构所能使用和掌控的资源就越少，这样就会导致经济体系的效率下降，进而导致经济增速下降。因而我们可以看到，举债过多的发达国家的经济增速都是很低的，一般在 2% 左右。比如，日本的经济增速通常在 1% ～ 1.5%。另一方面，如果政府举债过高，通常就会推高市场利率。很多国家的政府已经开始实行零利率政策，以期解决这个问题。但在正常情况下，政府举债过多，市场利率特别是市场真实利率通常就会上升。一旦市场真实利率上升，就会影响人们，特别是企业家的投资热情，从而必然削弱经济增长的动力。从这个意义上来讲，政府过度举债，对经济发展不是一件好事，而是一件坏事。更重要的是，在政府大规模举债的同时，如果企业和个人也同时大规模举债，那么就很可能出现真正的债务危机。

2008 年金融海啸之后，全世界都有同样的苗头：各国政府大量举债的同时，各国企业和金融机构也在大量举债。那时人们就在担心全球是否会出现新一波债务危机。而新一波债务危机可能就是企业债务和金融机构债务引发的，然后波及政府债务。所以，世界各大金融机构，包括 IMF 等也发出警告：随着全球经济增长放缓，有些企业可能无法按时还债。如果企业无法按时还债，企业的债务危机就可能通过金融链条传染并影响一些国家，特别是会引发举借大量外债的国家的债务问题。这是否会引发新一轮债务危机，需要各国政府和金融机构高度关注和重视，并做好相关准备。

对于世界各国而言，如果出现全球性经济危机，那么必然会牵涉到汇率问题和外债问题。由于全球金融早已经联结在一起，很多新兴市场国家就可能因为汇率危机而引发外债危机，紧接着就会出现银行危机，而银行危机就会引发金融危机。金融危机的根源其实就是债务的积累。债务的积累降低了经济效率，推高了市场利率，使得国家和企业还债的成本大幅提升，最终难以为继。所以，研究宏观经济学的人，都需要非常严肃地思考一个问题：全球债务危机，何日君再来？

你必须知道的凯恩斯革命和凯恩斯主义

稍微了解宏观经济学的人，几乎都知道凯恩斯。凯恩斯被公认为现代宏观经济学的鼻祖，他于 1936 年出版的著作《就业、利息和货币通论》被公认为现代宏观经济学的奠基之作。谈到凯恩斯，自然而然就会想到英国。英国是一个非常神奇的国家。这个国家不仅在17—19世纪先后战胜西班牙、荷兰、法国，成为赫赫有名的大英帝国，还诞生了很多伟大人物，如科学界的牛顿、法拉第、达尔文、麦克斯韦、狄拉克、霍金等，思想界的培根、洛克、罗素等。

经济学领域与英国的关系更大。古典经济学派的主要人物，如休谟、亚当·斯密、杰里米·边沁（Jeremy Bentham）、李嘉图、威廉姆·斯坦利·杰文斯（William Stanley Jevons）等都是英国人。现在的主流经济学是新古典经济学，新古典经济学公认的奠基人就是凯恩斯的老师马歇尔，马歇尔也是剑桥学派[①]经济学的奠基人。凯恩斯的父亲约翰·内维尔·凯恩斯（John Neville Keynes），是马歇尔的第一个弟子，也是马歇尔最亲密的朋友。凯恩斯在很小的时候，就常到经济学大师马歇尔家里去玩耍。他童年时就和剑桥大学经济学圈子里的大师们非常熟悉。可见，他后来成为著名经济学家并不是一个偶然。前文提过的国民经济统计之父斯通，也是英国人，而且是凯恩斯的学生。

凯恩斯的《就业、利息和货币通论》开启了将人类的经济体系作为一个宏观整体来研究的道路，意味着对传统古典经济学的一场思想革命，即凯恩斯革命。在他之前的经济学者，研究的主要都是一些比较具体或者微观的行为。比如，价格、供给者的供给行为、需求者的需求行为、个人或企业的经济行为等。所以，有的经济学者甚至把凯恩斯革命称为经济学史上的哥白尼式革命。这是一个非常高的赞誉。投资、储蓄、宏观总量等基本的宏观经济学概念，都出自凯恩斯的这本著作。《就业、利息和货币通论》出版以后，其他经济学者不断将其理论系统化，逐步形成了今天的宏观经济学体系。

① 西方经济学派之一。该学派用折中主义方法把供求论、生产费用论、边际效用论、边际生产力论等融合在一起，建立起以完全竞争为前提，以“均衡价格论”为核心的完整的经济学体系。——编者注

凯恩斯所开启的经济学革命，主要涉及两个方面。

一方面是凯恩斯从宏观、整体的角度分析人类经济体系和经济行为。除了前文谈到的一些宏观经济学基本概念外，宏观经济学中重要的分析模型，即总供给 – 总需求模型（AD-AS 模型），希克斯 – 汉森模型（IS-LM 模型），都是在凯恩斯理论的基础上提出的。今天人们常常谈论的 CPI、GDP、投资、储蓄、国际收支等概念都与凯恩斯理论有关。在学术理论上，凯恩斯革命是一个划时代的创举。

另一方面是凯恩斯提出了一整套政策和理论（即凯恩斯主义）来解决经济问题。虽然凯恩斯当时主要是为了解决英国面临的经济问题，但其方法具有普适性。当其他国家的经济出现危机或衰退，需要持续平稳运行和增长，以及需要解决失业问题时，人们总会想起凯恩斯主义。凯恩斯主义的经济政策后来被人们概括为充分就业（full employment）政策。如何实现充分就业呢？凯恩斯设想的主要政策措施就是财政支出、赤字政策以及货币政策。但是，在凯恩斯主义的政策中，货币政策被认为是被动的和从属的，主要作用是维持低利率，让政府能够以低成本发行国债，从而实行赤字财政。凯恩斯认为，真正起主导作用的是积极的财政政策。所谓积极的财政政策，就是政府要进行大规模的财政开支，甚至在必要时实行庞大的赤字财政政策。

从历史来看，关于凯恩斯主义究竟是谬论还是真理，存在很大争议。很多人对凯恩斯主义非常反感。奥地利学派[①]和追随奥地利学派的经济学者，他们对凯恩斯主义一直持批评态度，认为凯恩斯主义加剧了通货膨胀，加剧了政府对市场的干预，让政府在市场中的作用越来越大，削弱了市场竞争的作用和机

---

① 西方经济学派之一，也称“奥国学派”。创始人门格尔和继承者维塞尔、庞巴维克都是奥地利人，该学派因此而得名。主要观点包括：价值是主观的，是物对人的欲望满足的重要性；价值的成因是效用加稀少性，等等。——编者注

制。这些批评虽然有一定道理，但需要辩证看待。

实际上，从历史来看，凯恩斯的财政支出政策和赤字财政政策，对抹平经济周期，缓解剧烈的经济周期波动，以及解决金融危机，是发挥了非常重要的作用的。所以，在当今世界，无论是发达国家，还是发展中国家，在必要时都要扩大财政开支，通过增加政府的财政赤字来稳定经济。但这种做法不能走向极端。如果财政支出和赤字政策过度，那么就会对市场竞争，以及私人企业产生巨大的伤害。

综上所述，对于凯恩斯革命和凯恩斯主义，我们需要具体情况具体分析，辩证地看待，不能走向绝对肯定或绝对否定的极端，因为这不符合历史事实和理论逻辑。

美国会破产吗

现在，我们来谈一个很多人关心的问题：美国拥有着庞大的债务和财政赤字，它会破产吗？从金融方面可以明确地回答：美国不会破产。对此，我们可以从三个方面进行宏观经济学分析。

第一，美国从建国开始，其国家债券市场就一直是美国经济、金融体系最重要的组成部分之一。美国以前是英国的殖民地，为摆脱英国的殖民统治，美国于 1776 年发起独立战争。战争需要钱，钱从哪里来呢？当时美国还没有货币发行能力，也没有中央政府，征税很困难。所以，美国主要就通过借债来筹集经费。美国独立之后，作为美国建国精英中最年轻、也最聪明的人物之一，美国第一任财政部长汉密尔顿为美国设计了战后的金融体系，其中最关键的就是建立了完整的国家债券市场。汉密尔顿设计的国家债券市场参考的是英国在“光荣革命”之后所设计的国家债券市场。可以讲，美国的国家债券市场实际上就是英国国家债券市场的翻版。后来的华尔街金融中心就是以美国建国初期的国家债券市场为中心逐渐发展起来的。随后，美国的各种金融市场纷纷发展起来，如股票市场、期货市场、外汇市场、贵金属市场等。到 19 世纪末 20 世纪初，纽约已经取代伦敦，成为全世界最重要的金融市场。所以说，美国从独立战争开始，到建国，再到 19 世纪、20 世纪经济的快速增长，其以国家债券市场为中心的金融市场发挥了极其重要的作用。

第二，正如前文所说，美国从一个小小的殖民地，在 100 多年的时间里迅猛崛起成为世界上最强大的国家，金融发挥了极其重要的作用。美国建立了非常完善的金融市场，以应对战争和各种危机。全世界很多的投资者纷纷将资金投入美国的金融市场。这些年，美国自始至终都是全世界吸引外资最多的国家。中国在过去 40 多年的改革开放过程中也吸引了大量外资，但与美国相比，差距还是很大。美国之所以能够吸引全世界的资金，是因为其拥有全世界最完善、最庞大、监管最规范的金融市场。美国金融市场的中流砥柱就是美国的国家债券市场，而美国国家债券市场又以中长期国债为中流砥柱。美联储在制定和实施货币政策时，一个最主要的参考指标就是国家债券市场的收益率曲线。美国政府，包括美联储，对维持美国国家债券市场的稳定是非常重视的。本・伯南克、艾伦・格林斯潘、珍妮特・耶伦（Janet L.Yellen）等历任美联储主席都曾多次讲，美国国债不会违约。美国国家债券市场是维护美元霸权的关键，甚至可以说是一个最重要的枢纽。

第三就是美元霸权体系。在前文中，我用“6789”概括了美元在世界上的霸权地位。这种霸权地位，反过来又维持了美国金融市场的地位。美国国家债券市场最具流动性、监管最规范、体量最庞大，因此很多国家竞相持有美元储备，并将美元储备投资到美国国家债券市场和其他金融市场。从这个意义上来说，美国国家债券市场是一个真正的全球金融市场。美国离不开它，其他国家事实上也离不开它，至少目前暂时找不到替代者。由此可见，美国依然可以利用其庞大的国家债券市场继续为其财政赤字融资，而且在未来相当长的一段时期内，全球对美元储备和美国国债的需求量还会继续增加。如此一来，美国又怎么会破产呢？

第 5 章

货币和物价

货币从来就是一把双刃剑。如果管理得当，货币就是促进国家繁荣富强和提升人民生活幸福感的“灵丹妙药”；如果管理失当，货币就是制造通货膨胀、通货紧缩，导致社会混乱和人民生活困苦的“罪魁祸首”。

因此，货币和物价是经济学者念念不忘的重要课题。遗憾的是，至今经济学者对货币和物价内在机理的了解还处于表层。这是因为货币和物价问题的细节繁多，难以完全把握。

剪不断，理还乱：谁能说清楚货币那些事儿

经济学通常分为微观经济学和宏观经济学。关于货币，微观经济学主要讨论个别商品的价格是如何形成、如何变化的，即价格理论；宏观经济学主要讨论货币对宏观经济如何产生影响，以及产生怎样的影响，即货币理论。

我们每个人在日常生活中都非常关心房地产、蔬菜、水果、粮食、水电煤气、黄金等具体商品的价格变化，同时也非常关心整体物价水平的变化，如CPI、PPI 的变化等。前者主要是价格理论讨论的问题，后者则是货币理论讨论的问题。但这种区分并不十分严格，实际上，价格理论和货币理论讨论的问题经常是交织在一起的，难以区分。一些经济学家，如科斯，就不承认有所谓的宏观经济学，而弗里德曼则认为，货币理论本质上就是价格理论。

货币与我们每个人的生活息息相关。在人类漫长的历史中，货币经历了从实物货币到金属货币，到信用货币（如纸币），再到数字货币的演变，过程复杂而漫长。很多人相信，数字货币的出现是人类货币发展的必然趋势。如今，数字货币、数字金融、数字资产等已经成为非常热门的话题。

那么，货币到底是什么？货币的定义包括三个方面。第一，货币是交易媒

介，或者说流通媒介。第二，货币是价值单位，或者说结算单位。第三，货币是价值储存手段，或者说财富储存手段。宏观经济学涉及与货币、物价相关的很多概念，包括物价总水平、通货膨胀、通货紧缩、危机、萧条、衰退、繁荣、经济周期等，以及我们平时非常关心的CPI、PPI、汇率和利率变化等。这些概念对于我们分析经济，特别是宏观经济的波动和变化趋势是非常重要的。其中，最重要的一个概念就是物价总水平。

物价总水平这个概念非常复杂，因为它涉及很多问题，如物价总水平如何计算、我们应如何设计物价总水平指数等。一个国家的商品非常多，少则数百万种，多则上亿种。如何设计一个物价总水平指数，曾经是很长一段时间里困扰经济学者的一个问题。比如欧文·费雪和凯恩斯，都曾经认真系统地思考过如何设计一个更好的物价总水平指数，以衡量经济体系中价格总水平的变化，以及通货膨胀或通货紧缩水平。

今天，世界各国衡量物价总水平的指数就是CPI，还有一个用于衡量原材料或上游产品价格总水平的补充指数PPI。CPI和PPI的设计经过了很多经济学者的反复研究、不断实践和不断改进。简单来讲，CPI或者PPI的逻辑就是，选择一些有代表性的商品，然后把这些商品的价格加权平均，计算出一个平均价格，再将该平均价格与基期[①]的商品加权平均价格进行比较，从而得出一个价格指数。比如，我们可以选择手机、猪肉、鸡蛋、蔬菜、衣服、大米、小麦、饮用水等作为代表性商品，以2020年为基年，将这些商品在2020年底的价格加权平均计算出来，得到一个加权平均价格。到了2021年底，再收集这些商品在相应时点上的价格，进行加权平均，然后再与2020年的加权平均价格进行比较，就可以得到CPI的增幅了。在中国，国家统计局每次公布CPI或PPI，都有环比和同比数据。

① 基期为统计中计算动态指标时作为对比标准的时期。——编者注

计算 CPI、PPI 时会遇到很多问题。

其一，我们很难挑选出特定的商品来构建商品篮子。前文讲了，一个国家的商品往往少则数百万种，多则上亿种，我们不可能把每一种商品都放进商品篮子里。事实上，现在世界各国商品篮子里的商品数量只有几十种或几百种，最多数千种。

其二，也是更重要的一个问题，商品篮子里的商品质量在不断变化。比如手机，2000 年的一部手机和 2022 年的一部手机，功能上相差太多，无法将它们加以简单对比。衣食住行的变化也是如此。我们每年穿的衣服，无论是从款式还是从工艺、布料来讲，与往年相比都有很大的变化。CPI 商品篮子无法衡量商品质量或功能的变化。所以，物价总水平指数是很复杂的，以 CPI 为例，虽然它可以简单衡量商品价格的变化，但无法衡量商品质量的变化。除商品质量的变化以外，还有很多东西无法用物价总水平指数来准确衡量，因为它们没有非常明确的市场交易价格，或者很难统计，比如聘请保姆的费用等。

所以，尽管 CPI 和 PPI 等物价总水平指数非常重要，但是它们有很大的局限性。前文已经讲过，宏观经济学中的很多指标，如 GDP、GNP、CPI、PPI、M0、M1、M2 等，其实都有其局限性，无法被准确统计或估算。就像医学家至今未找到一套完全精准的指标体系来衡量人体健康状况一样，经济学者至今也没有找到一套完全精准的指标体系来衡量复杂、动态的经济体系。

那么，将货币引入经济体系会如何影响经济的运行呢？特别是中央银行的货币政策，其与整体经济运行是什么关系？货币政策如何影响我们的日常生活，如何影响物价、股价？

我们可以反过来问一个问题：如果没有货币，经济将会怎样？在这种情况下，人们需要什么物品，就只能用自己的物品去换。比如，你想要一件衣服，而有衣服的张三想要猪肉，这时你就必须用一块猪肉去换；如果你没有猪肉，你想用一袋大米去换李四手中的猪肉，那你能否换回自己想要的物品，就完全靠运气。可以想象，这是非常不方便的。可以说，没有了货币，人类的经济将退回到原始部落水平。马克思在《资本论》中称，商品价值从商品跳到货币上，是“商品价值的惊险的跳跃”。货币的出现极大地方便了各种交易；出现了金融后，人类的经济活动就变得更加活跃、发达，但同时也变得非常复杂。可以说，人类历史就是一部货币发明和逐渐演变的历史。

在现代经济社会中，人类经济活动与货币和物价密不可分。可以说，没有货币和物价，就不可能有现代经济社会。但是，货币和物价也给我们造成了巨大的困扰，比如金融危机、经济危机、货币危机、银行危机、债务危机、汇率危机，等等。自货币发明以来，人类经济活动就发生了异常深刻、异常复杂，同时也非常有趣的变化。而这些变化，就成为经济学者研究的主要领域。

中央银行：神秘庄严的“庙宇”

接下来，我们来探讨今天人类经济体系中掌管货币的神秘机构——中央银行。美国曾经有人写过一本书，书名为《神庙的秘密》(*Secrets of the Temple*)。书名中的“神庙”指的就是美联储。这座神秘庙宇里的“住持”和“和尚”在做什么？他们为什么对经济有如此巨大的影响？对此，大多数普通人都抱有强烈的好奇心。

各国中央银行行长的一言一行、一举一动，都牵动着经济和金融市场运行的神经。美国是全世界最大的经济体，美国金融市场是全世界最大的金融市场，而美联储是美国的中央银行，美联储主席的一言一行不仅对美国经济和金融市场有巨大影响，而且对全球经济和金融市场也有巨大影响。所以，世界上很多著名的投资银行、商业银行以及很多公司，都要专门聘请经济学者，来时刻关注美联储和其他中央银行的货币政策的变化，研究这些中央银行行长的文章、著作，甚至面部表情和讲话语气，目的就是从中找到中央银行货币政策变化的蛛丝马迹，以便提前做好投资布局和准备。比如，如果投资者准确判断中央银行要降息，而降息通常会刺激股价上涨，那么投资者就可以掌握先机，提前建仓，从而获取丰厚的收益。

那么，中央银行是怎样产生的呢？如此神秘且权力巨大的中央银行，在人类历史上其实是一个新事物，只有几百年的历史。

世界上第一家公认的中央银行是创办于 1609 年的阿姆斯特丹汇兑银行。该银行在荷兰迅猛崛起，并成为世界的经济中心、贸易中心和金融中心的过程中，为荷兰的经济发展发挥了巨大的作用。17—18 世纪，荷兰成为世界上最富裕和最强大的国家之一，它的殖民地遍布世界各地。可以说，阿姆斯特丹汇兑银行的创立，在人类金融和经济发展史上具有划时代的意义。

世界上第二家中央银行是 1668 年在瑞典成立的瑞典中央银行。阿姆斯特丹汇兑银行的主要业务只有外汇的兑换。它设计了一个统一的账户和货币单位，贸易商可以以这个统一的货币单位来开立账户，从事货币兑换，并进行贸易的清算和结算。但是阿姆斯特丹汇兑银行没有贷款功能，也就是说它不是最后贷款人。而瑞典中央银行具备贷款功能，它可以给商人、企业和其他银行贷款，可以成为最后贷款人。因此，作为世界上第二家中央银行，瑞典中央银行在金融发展史上具有非常重要的地位。

世界上第三家中央银行是 1694 年成立的英格兰银行。英格兰银行是英国国王威廉三世和王后玛丽牵头成立的。英格兰银行不仅是世界上历史最悠久的中央银行之一，还是几百年中权力最大、最重要和最具影响力的中央银行之一。如前文所说，与荷兰一样，英国的金融市场对于英国的崛起发挥了举足轻重的作用，而英格兰银行是英国金融市场的中流砥柱。法国史学家费尔南·布罗代尔（Fernand Braudel）在他的著作《十五至十八世纪的物质文明、经济和资本主义》一书里概叹，英国战胜法国的秘密武器就是英国的金融市场，而英格兰银行则是英国金融市场的发动机和定海神针。

20世纪以前，世界上只有很少的国家有中央银行；20世纪以后，世界上大多数国家都有了自己的中央银行。中央银行的职能范围和权力范围，随着经济金融的变化而不断演变，并且拥有异常丰富且不断创新的货币政策工具。

当今，全球的中央银行主要有两大根本性职能。第一大职能是制定和实施货币政策。货币政策的设计、制定和执行，影响着各国经济和全球经济。对于世界上任何一个经济体而言，中央银行的货币政策都是最重要的经济政策。中央银行货币政策的任何变化，都会深刻地影响金融市场，包括股票市场、债券市场、衍生金融工具市场、大宗商品市场等，所有的市场都会随之发生重大的变化。第二大职能是金融监管。20世纪以前，金融监管还没有出现，世界上的金融市场基本上是自由放任，或者依靠行业自律的。但发展到今天，各国的中央银行都要对证券市场、衍生产品市场、债券市场、商业银行等进行金融监管。特别是，在2008年全球金融海啸和2009年全球金融危机之后，中央银行的金融监管职能得到了极大的增强。在中国，2017年全国金融工作会议之后，中国人民银行的金融监管职能得到进一步加强。中国的金融监管架构也从“一行三会”变成了“一行两会”。

总而言之，在宏观经济政策体系中，中央银行扮演了最重要的角色。我们谈论货币理论的各种细节，其实都是围绕中央银行的各种职能展开的。

左右全球经济的三大中央银行

今天，美联储、欧洲中央银行、中国人民银行被普遍认为是世界上影响力最大的三大中央银行。之所以说这三大中央银行是全世界影响最大的中央银行，是因为这三大中央银行所覆盖的地区代表着全球的三大经济体。美国是全球第一大经济体。欧洲中央银行覆盖整个欧元区，欧元区的经济体量与美国相差不多。中国从国别来算，是全球第二大经济体，并且在 2022 年初经济总量超过了欧元区，所以即使把欧元区当作一个整体算进来，中国也是全球第二大经济体。2021 年的全球 GDP 数据显示，三大中央银行所覆盖的三大经济体，占全球经济总量的 60% 以上。可以说，三大中央银行的货币政策左右着全球的经济、贸易、货币市场和金融市场。

全球影响力排名第一的是美国中央银行，即美联储，它的英文名为 Federal Reserve。为什么不是 The Bank of America 呢？因为美国在建国初期曾经两次创立中央银行，名字就叫 The Bank of America。第一次是 1791 年，美国第一任财政部长汉密尔顿创立了美国第一银行，该银行运作到 1811 年；第二次是 1816 年，创立了美国第二银行，该银行运作到 1836 年，这两家银行都只运作了 20 年左右。美联储成立于 1913 年，当时正值美国开始跃居世界前列并逐渐迈向巅峰的前夜，所以美联储自成立伊始就是世界上最重要的中央银行之一。但是美联储的初期政策效果并不理想，批评声一直存在。

顺便说一下，20 世纪之前，英国的中央银行——英格兰银行也是非常重要的。英镑在从 18 世纪到 20 世纪初期的 100 多年里，一直是世界上最重要的货币。在此期间，甚至到第二次世界大战以前，英格兰银行一直是世界上最重要的中央银行。后来美联储逐渐取代英格兰银行，成为世界上最重要的中央银行；美元取代英镑，成为世界上最重要的货币。作为三大中央银行中最强大的中央银行，美联储是事实上的全球中央银行。美元在当今全球经济金融体系中非常重要。尽管随着人民币和欧元的崛起，美元的地位相对下降，但是它依然是全球最重要的货币。

由此可以看出，一家中央银行的重要性主要取决于这个国家货币的重要性。而货币的重要性取决于其是不是国际性货币，即要看其在全球的贸易、金融交易、大宗商品交易和外汇储备中的地位和作用。

全球影响力排名第二的是成立于1998年的欧洲中央银行，它的成立是为次年欧元的诞生做准备的。欧元是人类历史上第一个超主权货币，是人类货币史和金融史上一个伟大的创举。超主权货币需要由超主权中央银行来发行、管理，如制定和实施货币政策等，欧洲中央银行由此应运而生。欧盟设有专门的机制来选派欧洲中央银行的行长，因为其不是单一国家的中央银行，而是欧元区成员国共有的中央银行。截至2021年底，全球大约20.6%的外汇储备是欧元。特别是在欧洲，很多国家的外汇储备都是欧元。欧元在全球贸易结算中的占比很高，因为欧元区本身就是用欧元结算的。

目前公认的全球影响力排名第三的中央银行是中国人民银行。中国的贸易在全球贸易中的占比最高，人民币也成为重要的货币之一。2016年，IMF宣布正式将人民币纳入特别提款权（SDR）货币篮子，2022年公布的最新数据显示，其中人民币的占比为12.28%，仅次于美元和欧元。不过，与美联储和欧洲中央银行相比，中国人民银行的国际重要性主要是因为中国经济体量的日益提升，而不是因为人民币的国际化地位。与美元和欧元相比，人民币的国际化可以说是刚刚起步。截至2021年底，人民币在全球外汇储备中的占比仅为2.79%，在全球的金融交易和大宗商品交易中的占比约为3%，国际重要性还不明显。从很多指标上来看，人民币的国际化程度甚至比英镑和日元还要差一些。比如，人民币至今还不是完全自由兑换货币，资本账户下的人民币还不能完全自由兑换。所以，提升人民币的国际化地位和中国金融的国际地位，依然任重道远。

实际上，在当今全球的货币汇率中，美国、欧元区和中国的货币汇率也最为重要。如今，对全球贸易和投资影响最大的货币汇率首推美元和欧元的汇率。美元和欧元的汇率是当代全球货币金融变化的一条非常重要的主轴线。改革开放以来，随着中国经济实力不断增强，人民币汇率在全球的影响力也不断提升。

这三大中央银行通过汇率影响全球贸易，进而影响全球资金流动；通过影响全球资金流动，影响全球的货币汇率和利率，进而影响全球的经济活动，然后影响到与人民生活息息相关的就业、物价等民生领域。

货币政策：牵一发而动全身

货币政策可以说是今天人类社会最主要的经济政策，可谓牵一发而动全身，影响深远。

那么，货币政策应该如何制定？货币政策的理论依据和原则是什么？货币政策实施的效果取决于哪些因素？货币政策对整体经济会产生什么样的影响？如何用数学模型来描述和分析货币政策及其效果？如何用定量指标来描述和分析货币政策的效果？宏观经济学中一些著名、精妙的理论，比如货币数量论、利率平价理论、蒙代尔的“不可能三角”原理、理性预期假说、时间一致性理论等，都是围绕货币政策的实施及其效果展开的。

20 世纪以后，中央银行发展出货币政策的三个最主要的工具，分别是再贷款、再贴现和公开市场操作，这也是现在货币政策理论研究的主要对象。

货币政策的第一个工具是再贷款。如果商业银行缺钱或流动性不足，那么它可以找同业去借钱，这叫作同业拆借。但是如果同业拆借成本很高，或者向同业借不到钱，商业银行就只有向中央银行借钱。中央银行向商业银行提供贷款，就叫作再贷款。之所以叫作再贷款，是因为商业银行的贷款对象是个人和企业，而中央银行的贷款对象是商业银行。商业银行向中央银行借款，需要满足一定的条件，比如，可以以国债或者中央银行认可的其他类型的资产做抵押。也可以以信用借款，无须抵押：假若商业银行拥有比较好的信用，中央银行就可能愿意给它贷款。再贷款是中央银行向商业银行提供流动性或释放流动性的重要手段或重要渠道。

货币政策的第二个工具是再贴现。我们知道，企业之间可以相互开具承兑汇票。一家企业向另一家企业开具承兑汇票，当取得承兑汇票的企业需要现金时，它可以把承兑汇票拿到商业银行去贴现。贴现在本质上就是商业银行以票据为抵押物向企业放款。商业银行拿到票据后，可以再请求中央银行对这些票据进行贴现，中央银行对这些票据进行的再一次贴现，就是再贴现。中央银行可以自主控制和调节再贴现的金额和利率，也可以自主选择是否给商业银行再贷款或再贴现。通过这些方法，中央银行就可以调控商业银行乃至整个市场的流动性和利率，影响整个市场的信贷资金的供给，进而影响整个经济的运行。

货币政策的第三个工具是公开市场操作。公开市场操作已经成为当前中央银行最主要的货币政策工具。现在全球金融市场和债券市场非常发达，公开市场操作通常都是中央银行通过债券市场来完成的。中央银行通过买卖债券来向市场提供流动性或收缩流动性。中央银行在公开市场购买债券，就相当于向市场释放流动性；中央银行出售债券，就相当于收回流动性。人们将中央银行释放流动性或收回流动性的操作称为逆回购或正回购。这些逆回购或正回购的操作，中央银行每天都可以进行。通过逆回购和正回购，中央银行向市场释放和收回流动性，从而影响商业银行的流动性，影响金融体系的流动性总量，从而影响整个市场的利率或信贷资金获取的难易程度。公开市场操作之所以成为中央银行最主要的货币政策工具之一，是因为公开市场操作可以借助庞大的债券市场和金融市场，相对平缓和持续地进行。

除了再贷款、再贴现和公开市场操作外，中央银行还有一些重要的货币政策工具，比如基准利率、法定存款准备金率等，但这些货币政策工具不能经常使用。所以，中央银行的降息或加息、降低或增加法定存款准备金率，在一年中不会进行很多次。比如，美联储的加息或降息一般是一个季度进行一次。

通过以上这些货币政策工具，中央银行能够影响金融市场的流动性，从而影响金融市场的利率和汇率，影响经济体系信贷的总量、条件和松紧程度，最终影响资产的价格，影响到股票、房地产、大宗商品市场等，并影响个人和家庭的资产配置，然后就会影响社会整体的消费、投资和进出口，进而影响社会的经济增长和就业水平。这个过程虽然非常复杂，但是逻辑是很清楚的。

货币政策从制定到实施、产生影响，是一个漫长的过程。这个过程也是货币理论和货币政策所要研究的非常重要的课题——货币政策的传导机制。货币政策的传导机制的核心问题是：中央银行实施货币政策以后，该货币政策是否能传导到实体经济，会产生怎样的影响，以及是否能达到预期的效果。事实上，要使货币政策传导机制顺畅运行并不容易，就像我们开闸放水一样，水不一定流到我们想让其流到的地方，而是流到了别的地方。货币政策也一样，中央银行“放水”，所放的“货币之水”往往流不到中央银行希望流去的地方。

各国的中央银行都面临这样的问题。比如，中央银行释放流动性，希望刺激投资和消费，但是这一货币政策的效果往往传导不下去。中央银行释放的流动性，可能停留在商业银行体系内部和金融机构的账户里，流不到实体经济里，也流不到人民的腰包里，结果就是刺激不了投资和消费。所以，如何让中央银行的货币政策真正发挥作用，是宏观经济学长期以来一直在研究的重要问题。实际上，从当今世界范围来看，很多中央银行的货币政策在很大程度上已经失去了效力，这也是各国中央银行面临的一个非常大的困难，即无论是量化宽松，还是其他货币政策，刺激经济增长的效果都越来越差。

人类货币历史上划时代的变化

在现代人类经济体系中，由中央银行掌控货币。而在中央银行诞生以前，没有人来掌控货币，也没有货币理论或货币政策。

今天的货币理论最早可以追溯到16—18世纪的重商主义时代，即在亚当·斯密出版《国富论》之前几十年甚至上百年，才开始出现货币理论的萌芽。当时，西班牙、意大利、英国的一些经济学者深入讨论过货币问题，初步形成了一些货币数量理论模型。比如休谟的国际货币理论，其关于国际收支调节机制的理论就非常精彩、非常现代化。

自从有了中央银行，货币政策工具不断创新，这主要是因为货币本身的不断变化。比如，在金本位制（或银本位制）时代，一个国家要发行货币，必须以固定价格和黄金（或白银）挂钩。如前文所说，实行金本位制和银本位制的国家，并不是它的流通货币全部都是金和银。因为携带黄金和白银很不方便，所以人们就发明了各种票据作为流通工具。此后，票据慢慢演变成某种纸币，直到后来，中央银行直接发行以黄金（或白银）为价值保障的纸币。由于纸币与黄金（或白银）是以固定比例挂钩的，所以，可以按照固定比例兑换成黄金（或白银）。历史上世界各国的金本位制和银本位制基本上都是这么运作的。显然，当流通的纸币能够依照固定比例兑换黄金（或白银）的时候，如果中央银行要多发纸币，而黄金（或白银）储备又不足，那么人们用纸币来兑换黄金（或白银）时就可能出现无法兑换的情况，这时中央银行就会失去信用，甚至破产，进而导致政府垮台。这是一件非常严重的事情。历史上，中央银行主动或者被迫停止纸币与黄金（或白银）的兑换，往往会带来金融恐慌和金融危机。

在英国实施金本位制的漫长历史中，每次发生重大战争，英国都会暂停黄金支付。比如，19 世纪初期的拿破仑战争、20 世纪初期的第一次世界大战期间，英格兰银行都被迫宣布暂停金本位制。需要注意的是，只是暂停，不是完全终止。但是，第一次世界大战结束后，英国回归金本位制以失败告终，从而永久地脱离了金本位制。所以，在金本位制或银本位制时代，一个国家的货币不能任意发行。从全球来看，货币的发行总量受地球上黄金（或白银）总量的限制，而黄金（或白银）的总量受黄金（或白银）开采和冶炼技术的限制，并最终受地球上黄金（或白银）储备量的限制。具体到某个国家，货币发行就要受这个国家本身所拥有的黄金或白银储备量的限制。

国际贸易的顺差和逆差也是决定一个国家贵金属储备量的重要力量。在金本位制或银本位制时代，一个国家如果能够实现贸易顺差，就意味着该国能够获得贵金属进口；如果是逆差，贵金属就会出口或流失到外国。

1840 年，英国发动了侵略中国的鸦片战争，起因就是英国对中国的贸易逆差。当时中国的茶叶、丝绸、瓷器等大量出口到英国，是英国上流社会的必需品；而英国出口的羊毛、呢绒等工业制品在中国并不受青睐。英国出现大量对华贸易逆差，贵金属（主要是白银）大量流入中国。为了扭转贸易逆差，英国向中国大量走私鸦片。鸦片走私给英国带来惊人的暴利，导致中国出现贸易逆差，白银大量流入英国。随后清政府开始禁烟，这一举措引发英国不满，鸦片战争随即爆发。

事实上，这类事件在历史上并不少见。20 世纪末和 21 世纪初，中国对美国出现大量贸易顺差，积累了巨额的美元储备——相当于当年的黄金储备。之后美国挑起的中美贸易摩擦就与此密切相关。

如果一个国家本身没有黄金（或白银），而货币又要与黄金（或白银）挂钩，这个国家就会想办法从其他国家赚取黄金（或白银），甚至不惜发动战争去抢夺。近代历史上，欧洲获取黄金和白银主要就是靠血腥的殖民掠夺。欧洲殖民掠夺的历史是人类历史上最残酷、最血腥的历史之一，也是货币金融史上充满暴力和血腥味的篇章。1492 年哥伦布发现新大陆之后，西班牙、葡萄牙、荷兰、英国等欧洲列强迅速向美洲展开血腥掠夺，除了强占土地，还抢走了这片大陆上所有的黄金和白银。历史学中有“白银战争”之说，意思就是欧洲通过殖民掠夺使美洲的白银大量流入欧洲，导致欧洲商人阶级或资产阶级的兴起，最终引发欧洲尤其是英国的资产阶级革命，进而彻底改变了欧洲乃至世界的历史进程。除殖民掠夺这种非正义方式外，国与国之间还可以通过贸易积累黄金和白银。不过，无论采取哪种方式，在金本位制或银本位制时代，黄金和白银的数量都是有限的，所以任何国家的货币发行量都有一个限度，任何国家都不能随意发行货币。这一点非常重要。

第二次世界大战以后，人类货币体系出现了一个非常重要的变化。1944 年，美国牵头创立了布雷顿森林体系。布雷顿森林体系的主要设计者之一就是现代宏观经济学的奠基人凯恩斯，另外一位主要设计者是美国财政部前助理部长、哈佛大学经济学博士哈里·怀特。布雷顿森林体系的核心，就是布雷顿森林体系成员国或地区的货币都要按照固定汇率和美元挂钩，而美元按照固定比例和黄金挂钩——1 盎司[①] 黄金等于 35 美元，这就是著名的“双挂钩原则”。根据双挂钩原则，布雷顿森林体系各成员国或地区所拥有的美元，可以按照固定的汇率拿到美国政府去兑换成黄金。比如，一个成员国或地区积累了 35 亿美元的储备货币，它就可以要求美国将这 35 亿美元货币兑换成 1 亿盎司的黄金。由此我们可以看出，在布雷顿森林体系下，成员国或地区的货币发行也有一个锚，不能随意增发货币。

① 1 盎司 =28.350 克。——编者注

在布雷顿森林体系的制度下，美国之外的其他成员国或地区发行货币的锚就是该国的美元储备。如果该国的美元储备不足，那么滥发货币就会刺激公众将货币兑换成美元，该国就会出现汇率危机，并且往往会触发债务危机和金融危机。

1971 年 8 月 15 日，美国总统尼克松宣布美元与黄金脱钩，这是人类货币体系中的一个划时代事件。从此以后美元不能再兑换成黄金，即布雷顿森林体系的成员国和地区所持有的美元储备不能再兑换为黄金储备。这一决定对国际金融货币体系带来巨大冲击，被称为“尼克松冲击”。“尼克松冲击”可以说是美国公然撕毁国际协议的一个政治事件，同时也是美国霸权的表现。对此，欧洲各国很愤怒，却也无可奈何。尼克松政府的财政部长小约翰·包登·康纳利对于欧洲那些愤怒不已的领导者们嗤之以鼻，他说了一句名言：“美元是我们的货币，但却是你们的麻烦。”这句话反映了布雷顿森林体系下固定汇率制的问题：只要施行单一汇率，“你们的麻烦”就始终存在。“尼克松冲击”宣告了布雷顿森林体系的崩溃。

布雷顿森林体系崩溃后，人类货币发行就失去了锚，再也不受任何约束。首先，美联储的美元发行没有了任何约束，因为其不用再担心其他国家用美元储备来兑换黄金。“尼克松冲击”彻底斩断了黄金和美元之间的联系，也斩断了中央银行货币发行和黄金之间的联系。“尼克松冲击”之后不久，很多国家就开始实施浮动汇率制度，也就是本国货币不再和美元保持固定汇率，这实际上也就大大放松了对本国货币发行的约束。美元和黄金脱钩，其他成员货币再与美元脱钩，标志着人类货币体系进入了完全无锚的信用货币时代。简而言之，在信用货币时代，各国中央银行想发行多少货币就可以发行多少货币，没有任何的约束。这是一个真正的划时代变化，同时也是一个非常令人遗憾的转变，它对人类经济金融的底层逻辑产生了极其深远的影响。

由于货币发行没有锚之后，中央银行可以随意发行货币，在 20 世纪 70 年代，美国出现了恶性通货膨胀。这次恶性通货膨胀持续了 10 年左右。当然，美元与黄金脱钩的影响不仅于此。

作为研究国际货币体系历史演变内在逻辑的第一人，蒙代尔对于布雷顿森林体系的崩溃感到非常遗憾。他多次表示，美元与黄金脱钩，世界上很多国家开始实施浮动汇率制度，这是人类历史上一个划时代的变化，导致了后来国际金融的多次动荡和危机，对人类真实的经济增长有很多危害。除蒙代尔之外，许多经济学者，如斯坦福大学国际经济学教授罗纳德·麦金农（Ronald I. Mckinnon）等，也都认为布雷顿森林体系崩溃并导致浮动汇率制度的产生是一个灾难性的转变。

布雷顿森林体系的崩溃让各国中央银行的货币政策工具越来越多，中央银行几乎变得无所不能：它想创造多少流动性就创造多少流动性，想发行多少货币就发行多少货币。在 2008 年全球金融海啸和 2009 年全球金融危机之后，时任美联储主席伯南克实施了新的货币政策，即量化宽松货币政策。量化宽松货币政策是指美联储通过公开市场操作，从市场购买国债和其他任何资产，无限度地向市场投放流动性。换句话说，中央银行可以购买任何它想购买的资产。以前中央银行进行公开市场操作，所能购买的资产在种类和质量上是有一定要求的。比如，信用级别在投资级以上的资产才符合中央银行的购买要求。伯南克所实施的量化宽松货币政策，实际上把这些要求打破了。当时，美联储会购买美国很多银行和金融机构的债券，甚至一些公司持有的“垃圾”债券。通过购买一定数量的各种债券和资产，美联储向市场释放流动性，这就是量化宽松货币政策的本质。这意味着，原则上美联储可以无限量地向市场释放流动性。

美联储为什么能这么做？在金本位制或银本位制时代，任何中央银行都不可能这么做，因为货币发行在金本位制和银本位制下有约束。今天，除传统的货币政策工具之外，还有所谓的窗口指导、道义劝告等间接信用控制的货币政策工具。除前文讲的再贷款、再贴现、降息、降准、公开市场操作以外，中央银行还可以通过各种方式扩张或收缩其资产负债表，从而深刻地影响整个市场的流动性。所以说，过去十几年来，全球中央银行的货币政策出现了革命性的变化，即出现了量化宽松和零利率货币政策。不仅是美联储，其他一些中央银行也实行了量化宽松和零利率货币政策。

美国著名货币理论家阿兰·梅泽（Allan H. Meltzer）在其三卷本著作《美联储史》（*A History of the Federal Reserve*）中说，伯南克已经打破了中央银行有史以来的所有规则和惯例，他创造了量化宽松货币政策，但没有解决货币政策真正的问题；而且，因量化宽松货币政策而产生的新问题，可能比他想要解决的问题还要多。

前文讲过，货币政策真正的问题不是货币或流动性的创造，也不是信用的释放，而是中央银行对货币或流动性的创造能否实现其真正的目的，也就是说，货币政策的传导机制是否畅通、货币政策是否真正有效。量化宽松货币政策并没有解决这个问题，甚至从某种程度上说，量化宽松货币政策反而使货币政策的传导机制变得更加不顺畅了。

通货膨胀：摧毁国家政权的最可怕武器

有这样一种说法，通货膨胀是摧毁一个国家和社会的最可怕武器。历史上很多国家的政权曾因恶性通货膨胀而崩溃。通货膨胀真有这么可怕吗？通常人们不会想到这一层面，但是人们对通货膨胀的担心是实实在在的。比如，猪肉价格飞速上涨的时候，人们会担心是不是发生了通货膨胀。人们可能会感到很困惑：为什么猪肉价格一个月可以涨 50%，甚至 60%、70%？除衣食住行的价格之外，人们对房地产、教育、医疗等的价格也非常关心。关于通货膨胀，有一个很形象的说法叫“钱变毛了”。我在与一些企业家朋友聊天时发现，他们也有一套自己的指标来衡量货币的贬值或通货膨胀。由此可见，对于通货膨胀，人人心里都有一杆秤。

那么，什么是通货膨胀呢？要说清楚通货膨胀的定义并不容易。

著名经济学家弗里德曼曾经写过很多文章来解释什么是通货膨胀。他认为，人们往往把通货膨胀和个别商品价格的上涨混淆。比如看到肉价上涨，或者汽车价格上涨、房子价格上涨，就认为出现了通货膨胀。其实只要多加观察便会发现，一些商品价格的上涨，往往会伴随另一些商品价格的下降。比如，教育、医疗等各种服务业价格快速上涨的同时，手机、电脑、电视机、洗衣机、冰箱、汽车等工业品的价格也在不断下降。因为弗里德曼认为，单个产品或单项服务价格的上涨，并不意味着通货膨胀，通货膨胀是物价总水平的持续上升。而物价总水平的上升幅度要超过某个临界点才算是通货膨胀。这个临界点在世界各国是不一样的。通常而言，发达国家的临界点较低，经济发展较快的国家或发展中国家，则临界点较高。

通货膨胀对不同的人造成的影响是不一样的。并不是所有人都害怕通货膨胀，有一些人甚至喜欢通货膨胀。比如，一个借了很多钱的人就会喜欢通货膨胀，因为通货膨胀意味着钱不值钱了，也就是他需要还的钱变少了。一些企业也喜欢通货膨胀，因为在出现通货膨胀的时候，企业产品的价格会不断上升。客观来说，通货膨胀是否有利，需要综合起来分析，不能一概而论。比如，对于企业而言，出现通货膨胀时，企业的产品价格在上涨，但其原材料的价格也在上涨，人工成本也在上涨，甚至涨得更多。通常来讲，通货膨胀对低收入人群和固定收入人群的危害是最大的。而社会稳定的基础不是极少数的富人，而是普通民众，即低收入人群和固定收入人群。因此，为了社会的稳定，必须坚决防止通货膨胀，特别是恶性通货膨胀，要保持货币价值的稳定。

人类历史上的一个基本教训是：恶性通货膨胀往往会造成社会的极大动荡。历史上有很多这种惨痛教训。

下面我们来举几个例子。第一个例子发生在第一次世界大战结束之后的德国，也就是后世历史学家口中的魏玛共和国。1918—1923 年，魏玛共和国曾经出现了历史上极其罕见的恶性通货膨胀，经济学者称之为高速通货膨胀。这次通货膨胀到了什么程度呢？在一年之内，物价水平上涨了几亿倍甚至几十亿倍。这是完全无法想象的。当时，魏玛共和国的货币发行量根本赶不上市场的需求量。印钞厂日夜加班印刷纸币，还新建多个印钞厂，不断增大纸币面值。老百姓很快就对这个恶性贬值的货币完全失去了信心，纸币甚至被当作墙纸用，市场交易基本停摆，以物易物成为常态，整个经济活动发生极大扭曲，经济陷入停滞。魏玛共和国出现的这次恶性通货膨胀，是导致希特勒的纳粹党上台的最重要因素。恶性通货膨胀使德国民众对魏玛共和国政权完全丧失信心，人们看不到任何希望，整个国家陷入绝望。纳粹主义将德国的灾难归咎于犹太人的阴谋和《凡尔赛和约》的赔款和制裁，宣称德国必须摆脱外国人强加给德国人的枷锁，是犹太人出卖了德国。纳粹党还提出了恢复经济和就业的各项主张，因而迅速赢得了广泛的民众支持。这是通货膨胀导致社会、经济和政治动荡，以及政权崩溃的典型案例。

第二个例子是发生于 1948—1949 年国民党政权下的中华民国。当时，国民党不顾抗日战争结束后国内经济凋敝、民不聊生的状况，悍然发动内战。为了给内战融资，国民政府连续进行了几次货币改革，但均以失败而告终。后来，国民政府只能依靠滥发货币勉强支撑早已崩溃的经济和金融，结果自然是引发了恶性通货膨胀。据说，当时老百姓拿到工资以后，必须以最快的速度跑到市场去买大米或日用品，如果跑得慢，几分钟前还可以买一斤大米的工资，就连一两大米也买不到了。国民政府崩溃之前的通货膨胀水平可以说与德国魏玛共和国时期差不多。国民政府崩溃的原因有很多，除战场上军事的失利以外，更重要的原因是经济、金融和货币的崩溃。

第三个例子发生在20世纪70年代的美国。当时美国出现了非常严重的通货膨胀，同时经济增长也陷入停滞。经济学者就此现象发明了一个新词，即停滞性通货膨胀（stagflation)，用来表述经济停滞和通货膨胀同时出现的情况。美国的这次通货膨胀虽然还未到恶性通货膨胀的程度，但也是历史上非常严重的一次通货膨胀。当时美国民众沮丧失望，美国的国际声望也受到负面影响。

第四个例子是21世纪前20年最严重的通货膨胀，它是非洲国家津巴布韦出现的恶性通货膨胀。2011年，我到欧洲中央银行参加一个国际会议，在与会代表都于会议室坐下之后，欧洲中央银行的一位理事走进来，给我们每个人发了一张纸币，然后他面带微笑地宣布："恭喜各位都成了亿万富豪。"为什么呢？因为这张纸币的面值是20亿津巴布韦元——那是津巴布韦最新发行的纸币。这位理事说，津巴布韦现在人人都是亿万富豪。但是，这个亿万富豪毫无意义，因为在津巴布韦上一次公共厕所就需要2亿津巴布韦元。可见津巴布韦当时的通货膨胀已经到了异常严重的地步。如此严重的通货膨胀会导致一个国家的毁灭。除津巴布韦之外，很多发展中国家，尤其是南美洲一些国家，都出现过异常严重的通货膨胀，其结果都是社会动荡、经济倒退，甚至是政权崩溃。

由此可见，人类历史上的每一次恶性通货膨胀在人类历史上都伴随着极其痛苦和灾难性的记忆，其影响的不仅仅是无数老百姓的日常生活，还动摇了整个国家的根基。

美联储前主席伯南克2000年在一篇名为《货币政策与资产价格波动》（*Monetary Policy and Asset Price Volatility*）的文章中表示，过去20年，全世界的中央银行只有一个任务，那就是控制通货膨胀。任何一个负责任的政府、负责任的中央银行，都绝不会制造或放任通货膨胀，因为那是自取灭亡的快捷之道。

通货紧缩：断送经济活力的致命毒药

我们已经知道通货膨胀极其可怕，那通货紧缩是好事吗？通货膨胀让我们的钱变得不值钱，那么，通货紧缩会让我们的钱变得更值钱吗？这些问题是货币理论需要回答的非常重要的问题。

现在人们普遍认可的通货紧缩的定义是：物价总水平的持续下降。但是，通货紧缩，特别是非常严重的通货紧缩，也会对经济、金融和我们的日常生活造成巨大的危害。

持续的通货紧缩会导致商品价格下降，企业卖不出产品，收入和利润就会持续下降，企业就会削减投资、收缩生产，甚至破产。这样，更多的人就会面临失业，从而导致收入急剧下降，进而又会造成需求的进一步萎缩。需求萎缩会造成企业生产的进一步萎缩，产品更卖不出去，收入和利润继续下降。这样，经济就会陷入恶性循环，这种恶性循环会伴随一个非常可怕的问题，那就是资产价格的大幅度收缩。当通货紧缩出现时，如果企业有大量债务，那么这些企业就会面临非常困难的局面，因为它们需要还本付息。由于收入和利润持续下降，企业无法保证还本付息，那它就只有一个选择——出售资产。但是，当企业需要出售资产时，往往会发现资产很难售出，而且价格会持续下降。而且企业越是急于出售资产，其资产的价格就会越低。于是，资产价格不断下降，资产价值大幅缩水，就形成了第二个恶性循环，那就是资产价格持续下降的恶性循环。

原理很简单。债务人的债务是刚性的，借了多少钱，就必须还多少钱，还要支付不断累加的利息。如果债务人的资产价值在不断缩水，那他最终会资不抵债。资不抵债会迫使企业想尽一切办法出售资产，从而加剧资产价格的下降。一方面，企业要拼命还债，以清偿债务或减少债务；另一方面，资产价格却持续下降。这种可怕的困境被经济学者称为企业资产负债表收缩。资产负债表收缩的主要特征是资产端价值不断收缩，负债端价值却不仅没有收缩，反而因为利息的累积不断增加。资产负债表收缩的结果就是企业资不抵债，即企业变成负资产，最终破产倒闭。同样，在通货紧缩下个人和家庭也会出现资产负债收缩，对于贷款买房子的家庭，一旦遇到房地产价格大幅度持续下降，而自身又没有能力按时还本付息的情况，就会出现家庭的资产负债表通货紧缩，导致出现负资产，也就是资不抵债，甚至是家庭财务破产。

人类历史上曾经多次出现过严重的通货紧缩。

1929年华尔街股票市场崩盘之后，20世纪30年代全球经济出现了大萧条。当时的情况是，实体经济层面发生了通货紧缩的恶性循环加上金融货币层面的恶性循环，也就是资产负债表的恶性收缩。20世纪30年代大萧条的最典型特征是，很多企业的产品卖不出去。大量企业破产，导致大量民众失业。当时，美国失业率高达25%，其他一些国家的失业率甚至超过50%。与此同时，很多企业根本无法还债，因为企业资产不断缩水。可以说，20世纪30年代的大萧条导致无数人陷入赤贫，所有金融资产大幅度缩水或价值完全消失。在大萧条期间，美国道琼斯指数跌到只剩下几十点。

20世纪90年代，日本泡沫经济破灭之后也出现过这种困境。很多日本企业在经济繁荣时期大肆借债，债台高筑，在泡沫经济破灭之后，它们的资产大幅缩水，结果就是资不抵债、破产倒闭。20世纪80年代末期，世界前十大银行中有9家都是日本银行。到了20世纪90年代，由于资产价值大幅收缩，日本大量企业和银行都陷入资产负债表收缩困境，当时日本很多银行资产大幅收缩，有些银行甚至倒闭或者被收购兼并。此后的一段时间里，世界前十大银行中再也没有出现日本银行的影子。

由此可见，在宏观经济学中，通货紧缩恶性循环的过程和机制是非常重要的课题。凯恩斯在《就业、利息和货币通论》中就描述过人类经济会出现严重通货紧缩的情况。他称严重通货紧缩为流动性陷阱（liquidity trap）。凯恩斯提出了一个假说，假设经济体系出现这样一种情况，即人们的消费意愿普遍下降，此时人们的唯一选择，就是把钱都拿在手上，既不去消费，也不去投资，这就是流动性陷阱。一旦经济体系跌入流动性陷阱的无底深渊，它就会进入通货紧缩的恶性循环。人们不愿意消费和投资的原因有很多，其中最主要的原因就是人们对经济的未来前景非常悲观，尽管商品的价格越来越低，但是人们仍没有意愿或动力去消费或投资，完全掉入流动性陷阱而不可自拔。流动性陷阱是凯恩斯的一个思想实验，也是他对当时欧洲和英国经济状况进行深入观察后得出的结论。

另一位深刻阐释通货紧缩机制的经济学家是费雪。20 世纪 30 年代，大萧条席卷全球，人人自危。为了阐明大萧条背后的原因，费雪提出了“债务－通货紧缩”理论。“债务－通货紧缩”理论的核心机制就是前文描述的两种恶性循环，即实体经济层面的恶性循环，以及货币金融或债务领域的恶性循环。费雪在一篇著名的文章《大萧条的债务－通缩理论》（*The Debt-Deflation Theory of Great Depressions*）中阐释了第二种恶性循环，感兴趣的读者朋友可以去读一读。“债务－通货紧缩”理论不仅能够帮助我们深刻认识 20 世纪 30 年代的大萧条，还能帮我们理解历史上的多次通货紧缩周期，包括 20 世纪 90 年代日本泡沫经济破灭之后的大萧条。10 多年前，日本野村综合研究所首席经济学家辜胜明在其著作《大衰退：宏观经济学的圣杯》中，就利用费雪的“债务－通货紧缩”理论解释了 20 世纪 90 年代日本泡沫经济破灭以后，为什么会出现长期的通货紧缩和债务通货紧缩。

第 6 章

利率和汇率

在著名长诗《神曲》中，伟大诗人但丁将地狱第八层专门留给放高利贷的人。

在漫长的人类历史中，人们很难理解为什么借钱要收利息。除了将钱借给别人，放款人什么事情也没做，为什么要收利息？这难道不是不劳而获吗？不是在剥削他人吗？

经济学者经过漫长而深刻的思考，才逐渐为利息寻找到一个合理存在的依据，这一发现在经济思想史上具有划时代的意义。

今天，人们一致认为，利率是影响所有经济和金融活动的最重要变量。中央银行“武器库”中最锐利的“武器”就是利率。

与利率同样重要的是汇率。利率和汇率是真正的“牵一发而动全身”，所有投资者无不时刻高度关注利率和汇率。

利率：看我七十二变

如果谈到在整个经济体系的全部价格中，哪一个价格最重要，哪一个价格会影响经济和金融全局，那么答案毫无疑问是利率。因为利率几乎涉及经济学所有方面的概念。我们通常所讲的资本、资产、收入、财富、市值、预期、时间、货币供应量、货币需求量、投资收益率、经济增长率、实际国民收入等，都与利率有极其紧密的关系。

正是因为如此重要，利率问题才在历史上引起了经济学家、哲学家、思想家、神学家长期广泛的争论。

但丁在《神曲 · 地狱篇》中描写了十八层地狱，其中第八层地狱是专门留给放高利贷的人的：那些放高利贷的人，死后就要堕入地狱的第八层，饱受各种刑罚的折磨。由此可见，“放款收息是一种罪恶”这个观点非常普及，并且影响了很多经济学者。

但是，在现实生活中，人们需要借钱，借钱就要支付利息。所以，另一些经济学者开始为利息或放款收息寻找理论依据，以找出利息存在的正当理由或依据。即使在西方基督教中，也有人在不断系统地思考这个问题。

19 世纪末 20 世纪初，人们开始形成一个基本观念，这个基本观念就是要回答一个基本问题，即放款人把钱借给别人，为什么要收利息？答案是，因为放款人做出了牺牲。那么放款人牺牲了什么呢？假设放款人今天借给别人 1 万元钱，别人用这 1 万元钱做投资或者消费，然后赚到了投资收益或者享受了消费，那放款人牺牲的就是自己今天用这 1 万元钱获得的投资收益或享受的消费。因为做出了牺牲，也就是付出了成本或代价，所以放款人理当获得回报或补偿。而回报和补偿就是放款人应该获得的利息。

这个基本观念被费雪发展成利息理论，这也是费雪最主要的经济学贡献。1930 年，他出版了《利息理论》（*The Theory of Interest*）一书，该书是经济学史上一本非常经典的著作。在这本著作里，费雪把有关利息的观念加以扩展，变成一个可以做经验研究或实证研究的理论以及可操作的经济学理论。

我们从简单的资金供给和需求角度来讨论利率的变化，或者说得具体一点，我们通过金融市场资金的需求变化和供给变化，就可以理解和判断市场利率的变化。如果市场上的投资机会非常多，大家都想投资，都想借钱，也就是市场对资金的需求非常旺盛，那么这时利率就会升高。这就像我们对一个物品的需求非常旺盛的时候，这个物品的价格通常会上升是一样的。关于供给，如果市场上的资金非常宽松和富余，特别是中央银行要释放流动性、增加信贷资金，那么它就可以降低市场利率。这个原理，对今天的人们来说，已经习以为常，非常容易理解。

当年我在美国哥伦比亚大学学习时，金融课的老师每天都会拿一张《华尔街日报》给我们讲不同期限债券收益率的变化。为什么利率水平会随着时间的变化而变化？为什么时间越长利率越高？按理来说，期限越长的债券，其收益率越高，因为购买债券的人或者借出资金的人承受着未来的风险，承受着未来时间的成本，所以理应得到更高的补偿。从这个意义上来说，我们可以知道利率有时间结构。越是短期的金融产品，其利率水平相对越低；越是长期的金融产品，如长期贷款和长期债券，其利率水平就相对越高。无论是在债券市场，还是在银行同业拆借市场[①]，隔夜拆借利率一般是最低的。随着时间的推移，利率水平就会不断升高。

接下来，我们可以把利率本身的结构进一步细分。市场利率分为基准利率和风险溢价，市场利率等于基准利率加上风险溢价。基准利率通常由银行协会或者金融家协会来确定，世界著名的基准利率有伦敦同业拆借利率（London Interbank Offered Rate，LIBOR）、上海银行间同业拆借利率（Shanghai Interbank Offered Rate，SHIBOR）、香港银行间同业拆借利率（Hongkong Interbank Offered Rate，HIBOR）、纽约银行间同业拆借利率（New York Interbank Offered Rate，NIBOR），等等。基准利率是很低的，通常又被称为无风险利率。更基本的基准利率是由中央银行决定的。大家会发现，美联储实施货币政策所调整的利率，就是一种最基础的基准利率，名叫联邦基金利率。中国人民银行实施公开市场操作来调节的利率，也是最基础的基准利率。

银行为企业提供贷款，通常不会按照基准利率来发放，它们会在基准利率的基础上加风险溢价。风险溢价是根据企业的信用评级程度或风险程度确定的，企业的信用评级越高，说明其还本付息的能力越强，那么银行给这个企业贷款的风险溢价就会比较低，利率就会比较低。但是对于信用评级比较低的企业，银行制定的风险溢价就会比较高，因为这个企业还本付息的能力比较弱，违约可能性相对较高。这样就形成了一个非常明确的市场利率结构，即市场利率等于基准利率加上风险溢价。银行贷款如此，债券发行也是如此。

由此，我们在分析市场利率的时候，不仅要分析中央银行的基准利率和同业拆借市场基准利率的变化，还要分析风险溢价的变化。我们可以看到，有时中央银行降息，即基准利率下降了，但是市场利率，也就是企业从银行贷款的

① 同业拆借市场是指金融机构之间，以及大企业之间相互拆借资金的短期货币市场。

利率或者我们买房子按揭的利率，并不一定降下来。有时中央银行把基准利率提升，但是市场利率也不一定跟着提升。这里的关键就是风险溢价。每当爆发金融危机或债务危机时，中央银行往往会降息以缓解金融市场的资金紧张，但是企业或个人往往贷不到钱，或者贷款的利率很高，就是因为市场风险溢价大幅上升。

汇率：千里之堤，毁于蚁穴

人们之所以几乎每天都在关心人民币汇率的变化，如人民币汇率是涨还是跌、幅度有多大，是因为人民币汇率直接关系着中国企业进出口的收入和利润，直接关系着民众到国外求学、旅游或定居的成本。汇率的涨跌，不仅会影响贸易、影响进口和出口的价格，还会影响国内的利率、国内的资产价格，包括股票、房地产和债券等的价格。汇率与其他宏观经济指标，特别是利率、货币供应量、物价总水平、资产价格等，都有极其密切的关系。因此，很多经济学者都非常关注汇率的走势。大型商业银行、投资银行以及大型贸易公司等，都有专门的经济分析师关注和研究汇率的走势。

关于汇率的第一个重要问题是，汇率是怎么确定的？在金本位制或银本位制时代，每个国家发行的货币，其背后都有等值的黄金（或白银）做价值保障。货币与黄金（或白银）之间的比价是由官方规定的，通常在相当长的时期内不会改变，一般也不会轻易改变。所以，在金本位制或银本位制时代，货币之间的汇率就是它们背后黄金（或白银）含量的比例。比如美元和英镑，历史上美元和英镑之间的汇率长期维持在 1∶4.6 的水平。这个汇率就是由英镑和美元背后的黄金含量所决定的。

那么，在货币脱离金本位制和银本位制，逐渐成为信用货币后，汇率是怎么确定的呢？比如，今天美元、欧元和人民币的背后都不是黄金或白银，它们都是信用货币，没有贵金属作为价值保障，那它们之间的汇率是怎么确定的呢？这样一个听起来很简单的问题，却是宏观经济学中争论最激烈的问题之一。

关于货币之间的汇率，经济学者提出了很多理论，其中有一个理论叫购买力平价理论。简单来讲，购买力平价理论是指两种货币之间的汇率应该是两种货币的购买力之间的比例。举一个简单的例子，比如，在中国买一个麦当劳汉堡包需要 20 元人民币，而在美国买一个相同的麦当劳汉堡包需要 4 美元，则人民币和美元之间的汇率就是 5∶1，也就是 1 美元等于 5 元人民币。但是，换成另外一种商品，人民币和美元的购买力比价又不同了，比如理发，在中国平均需要 60 元人民币，在美国平均需要 20 美元，那么人民币和美元之间的汇率应该是 3∶1，即 1 美元相当于 3 元人民币。再比如，一辆完全相同的奔驰汽车，在美国的售价是 10 万美元，而在中国的售价是 200 万元人民币，那么依照奔驰汽车的购买力平价，人民币兑美元的汇率变成了 20∶1，也就是 1 美元等于 20 元人民币。可见，以上三种商品计算出来的人民币兑美元的汇率都不相同。由此可见，运用购买力平价理论来计算汇率，会遇到很大的困难。有经济学者提出用一个商品篮子来计算购买力平价，从而得到两国货币之间的所谓均衡汇率。这种方法其实也不可行，原因很简单，因为任何货币的商品篮子都不可能穷尽所有商品，更何况国与国之间的各种商品在生产和消费中所占比重差别很大，商品质量也千差万别。事实上，就算是麦当劳的汉堡包这种快餐，在美国和在中国的产品质量也不是一模一样的。因此，购买力平价理论面临的诸多困难，使得这个理论没有多少实际用处。

今天，金融市场或外汇市场的汇率其实已经与购买力平价没有关系了。在固定汇率时代，购买力平价还有一些参考价值，汇率与两个国家之间的经济实力、经济增长的表现还有一些联系。但是，在 20 世纪 70 年代布雷顿森林体系崩溃之后，货币之间的汇率关系与实体经济基本上已经脱节，汇率主要取决于金融市场或外汇市场的投机需求，取决于国际资金的流动。不过，实体经济的表现、金融市场的预期以及各种消息都会时刻影响汇率的波动。

因此，如果要问当今人民币和美元、人民币和欧元、美元和欧元之间，特别是实行浮动汇率制的货币之间的汇率是由什么决定的，答案就是国际市场上人们对两国货币的需求。比如，2005—2012 年，人们普遍认为人民币会升值，于是国际市场对人民币的需求非常旺盛，人民币汇率出现了非常明显的升值。后来随着中国经济出现下行压力，国际市场认为人民币会贬值，对人民币的需求开始下降，人民币汇率也随之下降。

关于汇率的第二个重要问题是汇率制度的历史演变。历史上主要有两种货币汇率制度，一种是固定汇率制度，另一种是浮动汇率制度。在人类历史上的大多数时期里采取的都是固定汇率制度，因为当时各国基本上都实行金本位制或银本位制。在布雷顿森林体系时代，尽管成员国或地区的货币背后没有黄金或白银的含量，但是它们货币的汇率与美元实行固定汇率制度，也就是成员国或地区的货币汇率与美元固定，只允许有很小的波动幅度。固定汇率有一个好处，就是汇率没有波动，不管是进口商还是出口商，都不用担心汇率的波动。汇率的波动会带来很多的问题，促使进出口企业做汇率风险对冲，如果采用固定汇率，这些问题就不存在了。不过，固定汇率虽然没有汇率波动问题，但是实行固定汇率制度的中央银行的货币政策也丧失了独立性。所以，在固定汇率制度下，国家或地区是没有独立的货币政策的。

如今，美元和欧元之间、美元和日元之间、美元和其他很多货币之间基本上都是浮动汇率。浮动汇率由金融货币市场的资金供需决定，汇率是多少就是多少。但是，各国中央银行也经常会干预市场汇率的波动，因为没有一个国家能够忍受货币汇率的剧烈波动或者完全不受干预的任意波动。比如，货币的汇率今天下降 20%，明天上升 20%，这种情况是没有一个国家能够接受的。

与固定汇率制度的缺点相对应，浮动汇率制度的优点就是，各国中央银行的货币政策可以自主决定，中央银行有独立的货币政策。但浮动汇率制度下，企业家和投资者必须采取办法来规避或者对冲汇率波动的风险。今天全球的外汇交易体量是非常庞大的，每天全球外汇交易量都高达数万亿美元，全年全球的外汇交易量可以达到数百万亿美元，甚至上千万亿美元。其实，每年全球真实的货物和服务贸易额只有二三十万亿美元，外汇交易体量如此庞大的原因主要是外汇的投机买卖，包括各种外汇合约的现货和期货交易，不少人希望利用投机汇率差额来赚钱。这种奇特的现象在 20 世纪 70 年代之前是没有的，因为那时候全球外汇交易量很小。浮动汇率时代到来之后，外汇交易量迅速上升，几乎达到天文数字。很多经济学家，包括蒙代尔、麦金农等，都强烈反对浮动汇率制度。他们认为浮动汇率制度增加了人类经济金融体系的风险，对真实经济的增长毫无益处，其唯一的作用就是鼓励投机者参与外汇投机买卖。

那么到底是固定汇率制度好，还是浮动汇率制度好？这个问题催生了国际宏观经济学中一个非常著名的理论，即蒙代尔－弗莱明模型。该模型主要是蒙代尔提出来的，后来他的学生将他的思想总结为“不可能三角”理论。“不可能三角”理论描述了汇率制度、资本账户管理和货币政策三者之间的关系。假设我们设定三个政策目标：其一是汇率稳定；其二是资本自由流动；其三是货币政策独立。“不可能三角”理论认为，这三个政策目标中我们只能实现两个，不可能同时实现。

蒙代尔的“不可能三角”理论是今天所有中央银行分析货币政策的一个非常重要的工具。英国著名杂志《经济学人》曾评选出 20 世纪最重要的 8 个经济学原创思想，其中之一就是蒙代尔的“不可能三角”理论。在这里，我们只是简单讲述一下，如果读者朋友们有兴趣深入理解蒙代尔－弗莱明模型或蒙代尔的“不可能三角”理论，可以去阅读蒙代尔的著作，如我翻译的六卷本《蒙代尔经济学文集》等。可以说，蒙代尔的“不可能三角”理论是当代开放经济宏观经济学和当代货币理论最重要的基础理论。

零利率和负利率：货币万能主义的破产

现在，我们再来谈一谈利率。过去10多年来，全球经济和金融体系出现了一些非常有趣的现象。

第一种现象是，很多国家出现了负利率。那么，什么是负利率呢？我们在前文谈利率是如何确定时提到过，到了一定的期限，借钱的人应该在还钱的同时支付利息，这就是正利率。比如，假设年利率为5%，在年初你借钱10 000元给他人，到了年底他要还你10 500元。相反，如果你把钱存到银行或把钱借给别人，到期以后不仅没有获得利息，反还要倒贴，这就是负利率。比如，在年初你把10 000元借给别人，到了年底，你可能只能拿回9 800元。

2019年9月的统计数据显示，世界上有高达17万亿美元的债券是负利率。特别是欧洲，很多国家的长期债券都是负利率，如瑞士的45年期债券就是负利率。2015年，意大利也曾经发行负利率债券。这是一种很奇怪的现象，为什么会出现负利率呢？借钱给别人不仅收不到利息，反而还要倒贴，天理何在？对于民众来说，如果是负利率，那么我们可以把钱放在家里。但是对于拥有庞大资金的银行和金融机构来说，动辄几十亿、几百亿乃至几千亿、上万亿资金的银行、金融机构、投资基金等机构，它们不可能把这么大规模的资金放在家里面，也不会用这笔资金去投资股票或实业，因为那样可能亏得更多。

负利率这种奇特的现象表明，实体经济已经出现非常大的问题。这个问题就是，投资者认为现在投资实业、股票或其他银行理财产品等可能会亏更多的钱，不如投资一些比较安全、亏钱可能少一些的金融产品，也就是长期债券。长期债券一般是政府或信用极好的公司所发行的债券。长期债券在正常情况下的收益率本来就很低，有时接近零利率，后来直接是负利率。简单来讲，负利率意味着投资者不是在比较哪种金融产品更赚钱，而是在比较哪种金融产品亏钱比较少。这表明全球经济已经进入一个非常困难的阶段，也就是说绝大多数的投资渠道已经不赚钱，甚至是只亏钱。所以，人们宁愿选择负利率的长期债券，也不愿投资那些风险很高的实体企业和公司股票。事实上，这些年全球很多国家的经济增速都大幅放缓。美国、英国、欧元区和日本的经济都是以非常低的速度增长甚至出现了负增长，中国的经济增速也比过去低。2020 年初，全球新冠肺炎疫情的暴发给本来就虚弱的全球经济重重一击。

第二种现象是，美联储所监控的美国债券收益率曲线曾出现倒挂。所谓收益率曲线倒挂，就是指长期债券的收益率反而比短期债券的收益率还要低。其实这与负利率一样，反映了人们更多地选择这种比较安全的长期债券，即使是亏一点钱，也不愿意选择短期的、风险更高的债券。人们认为这种现象是经济衰退或者经济增速将大幅放缓的信号。很多人正是根据这一现象判断，美国经济的增速可能会很低，甚至可能出现经济衰退。

那么，当出现负利率或收益率曲线倒挂时，中央银行能做些什么呢？其实，中央银行基本上只能采取两种措施，一是不断降低基准利率。美联储、欧洲中央银行，以及其他很多国家的中央银行都在持续不断地降息。二是继续大规模实施量化宽松货币政策。美联储和其他中央银行试图通过量化宽松货币政策，来刺激商业银行把钱贷给企业、个人和家庭，从而刺激投资和消费。但是实际效果并不理想。这就是前文提到的经济体系陷入流动性陷阱的典型情况。

由此，我们能够得到一些启发，从而帮助我们分析利率的走势。首先，我们要看中央银行根据什么来调整基准利率。很显然，中央银行调整基准利率的依据是宏观经济的基本态势。当宏观经济出现疲弱走势和增速大幅度放缓迹象时，中央银行通常都会下调基准利率。中央银行会通过各种渠道和手段，特别是公开市场操作，把基准利率进一步降低，以减轻企业、个人和家庭的融资成本。中央银行降低基准利率是否能真正降低企业、个人和家庭的融资成本，这是不确定的，因为还要看市场的供求关系和风险溢价，但是中央银行的基本操作不会改变。

分析利率走势要有一个最基本的判断和指标，那就是整体经济的表现。如果整体经济出现了严重的通货紧缩、增长放缓或衰退的迹象，那么中央银行别无选择，只能降低基准利率，而无法顾及实际效果是否能达到。以前有人认为中央银行降低基准利率的最大限度就是把基准利率降为零。但在 2009 年美联储主席伯南克启动量化宽松货币政策以后，人们突然发现，中央银行还可以实施负利率。

中央银行此举所依据的基本公式，就是市场利率等于基准利率加风险溢价。当风险溢价大幅度上升，整体经济持续下行和增速放缓，人们认为各种投资渠道可能都不赚钱，风险不断上升时，中央银行唯一能做的，就是通过量化宽松货币政策来降低基准利率。中央银行通过把基准利率变成负利率，来进一步刺激市场的流动性，特别是刺激和鼓励商业银行和金融机构把更多的信贷资金发放给实体经济，以及个人和家庭。

由此，我们能够看到宏观经济学或者货币理论面临的一个基本挑战，那就是我们研究货币理论、宏观经济政策和货币政策时，需要问自己一个问题：货币政策是不是万能的？答案已经非常清楚，货币政策不是万能的，货币政策有它的限度。过去人们认为货币政策的限度就是零利率，但是现在看起来，无论中央银行将基准利率降低到多少负值，如果市场风险继续进一步上升，那么市场利率仍会居高不下，市场信贷资金需求就会依然不旺盛，实体经济就会依然非常疲弱萎靡。在这种极端情况下，货币政策就走到了它的极限。

面对这种情况，我们必须要思考，为什么人们对未来的经济前景没有信心？为什么投资者和企业会掉入流动性陷阱？为什么人们对未来的投资和消费都丧失了热情？这里面有经济本身的周期性因素，但更重要的是经济体系内在所积累的结构性矛盾和结构性问题，比如经济制度的僵化、制度性成本居高不下、贫富悬殊和收入差距太大等。这些结构性矛盾和结构性问题是制约经济活力的核心因素，但是这些问题是货币政策解决不了的。如果政府未下决心去解决这些结构性矛盾和结构性问题，特别是产权制度、收入分配、就业和教育等，那么即使中央银行将货币政策用到极限，经济活力也无法恢复。实际上，今天很多国家的货币政策和财政政策已经几乎用到极限了，从刺激经济增长的角度来看，它们的货币政策已经无法发力了。在面对货币政策无法发力刺激经济增长的困境和困局时，政府必须下决心推进实质性的改革。所以，对任何国家而言，改革永远在路上，改革是一个永恒的话题和使命。这是我们研究货币理论能够得到的一个非常重要的启示。

大揭秘：未来人人都能发行货币吗

自比特币出现以来，关于数字货币的发展前景、发展方向，一直是科技界和金融界热烈讨论的话题。数字货币和区块链技术成为街头巷尾热议的焦点。很多人认为，区块链技术会使人人都能发行货币这个梦想成为现实。还有人引用奥地利学派的理论来证明人人都能发行货币，人人都应该被允许发行货币，大家可以自由竞争。

2019 年 10 月，Facebook 创始人扎克伯格在美国国会关于天秤币的听证会上接受了长达六个小时的质询，与美国国会就 Facebook 计划发行的天秤币进行了激烈的辩论，相关问题引发全世界的关注和热烈讨论。未来数字货币的发展方向是什么？区块链是否能够让人人都能发行货币的梦想成为现实？几乎每个话题都非常有趣，也都非常复杂。我无法全面回答这些问题。在这里我主要表述两个基本观点，希望有助于大家分析这些问题。

第一个基本观点，技术不能改变货币的本质。我们一开始就讲，人类的货币有数千年的历史。从最早的实物货币到金属货币，到信用货币，再到数字货币，货币的物质形态始终处于不断演进之中，但是货币的本质不会变，也从来没有变过。货币的本质体现在货币的三项基本功能之中，这三项基本功能分别是交易的媒介、价值单位和价值储存手段。我认为，无论人类科技如何发展，货币的上述三项基本功能不可能被替代，也不可能被改变。由此我们可以看到，无论是以前的实物货币、金属货币、信用货币，还是今天大家热烈讨论的数字货币，都具有这三项基本功能。如果一种所谓的“货币”，只具备其中一项或两项基本功能，那它就不可能成为主流货币，或者说就不是货币。

我们可以用这个基本观点来分析比特币。比特币是一种加密货币，本质上是一种加密算法的结果。为什么比特币不能成为主流货币呢？因为比特币的数量有限，即使全部挖出来，也只有 2100 万个。数量的限制使其注定不可能成为广泛的交易媒介。尽管有人用比特币做一些简单的交换，但那其实与我们平时与别人交换物品没有区别。那么，比特币能不能成为衡量或计算价值的区别尺度呢，比如股票、债券、手机、房地产等，都用比特币定价？可以说，这基本上是无法实现的。不用说比特币，即使是 IMF 在 1969 年发行的 SDR，也没有成为一个真正的衡量或计算价值的尺度，原因就是 SDR 数量极其有限，使用 SDR 的机构非常少。

看起来，比特币似乎具有货币的第三项基本功能——价值储存手段。比如，有些人通过持有比特币获得了丰厚的回报。但是只拥有这一项功能并不意味着比特币就是一种货币。

很多朋友都会有这种想法——自己一夜暴富，成为世界首富，然后也发行一种“货币”。那么你所发行的这种“货币”能不能成为真正的货币呢？答案是基本不可能。因为它没有同时具备货币的三项基本功能，所以它不是真正的货币，尽管你自己可以随意称呼它。

我认为，数字货币背后必须是强大的国家信用，也就是说，必须有国家在背后赋予数字货币以国家的权威和信用，数字货币才能够成为交易的媒介、价值单位和价值储存手段。从这个基本观点出发，大家经过仔细分析就可以得出结论：未来人人都能发行货币是不可能的，这是一个典型的乌托邦，是一个不可能实现的幻梦。

第二个基本观点是，奥地利学派曾经的设想或者梦想是不会成真的。奥地利学派强烈反对通货膨胀，这种观点是对的，没有一个真正严肃的经济学者会支持政府使经济出现通货膨胀，那是犯罪。然而，对于通货膨胀的根源是什么，经济学者的观点大相径庭。奥地利学派坚定地认为，中央银行垄断货币发行权是导致通货膨胀的罪魁祸首，中央银行不是福而是祸。奥地利学派经济学家穆雷·N. 罗斯巴德撰写了《美国货币银行史》（*A History of Money and Banking in the United States*）一书。该书的核心论点是，中央银行是导致通货膨胀的罪魁祸首，美联储以及美联储之前的美国中央银行实际上都制造了通货膨胀。虽然这个观点值得商榷，但历史上中央银行通过滥发货币制造通货膨胀的例子确实很多。因此奥地利学派认为中央银行根本不值得信赖。那么，奥地利学派给出的解决方法是什么呢？他们主张破除中央银行的垄断，废除中央银行对货币发行的垄断权力，让货币发行成为一种市场竞争行为。也就是说，原则上人人都能发行货币，人们通过市场竞争，选择那些信用良好的货币。罗斯巴德在《美国货币银行史》中就盛赞美国 19 世纪四五十年代没有中央银行的一段时期。在那段时期，美国的银行体系基本上是自由放任的，商业银行可以自由发行货币，人们可以自由选择使用哪种货币。

奥地利学派的观点似乎很有道理，但他们其实忽略了一个基本机制，也就是市场竞争机制。市场竞争机制会消灭绝大部分货币，最终只会有一种或少数几种货币存在。我们在前文讲了货币的三项基本功能，其实货币最重要的功能是作为交易的媒介降低交易成本。试想一下，去商场买东西时，如果裤子用一种货币标价，上衣用另外一种货币标价，而其他商品又用其他不同货币标价，那么我们就需要同时带十几种甚至数十种货币去购物，这显然是不现实的。即使我们今天有移动支付这种非常便捷的方式，要同时处理十几种甚至数十种货币，也是完全不现实的。在美国没有中央银行的那段时期，就曾经出现过每家商业银行都能够自由发行货币的情况。商人出门的时候要带一个非常厚的本子，这个本子上记录了不同货币之间的兑换汇率，非常不便。历史学者称那段时期为美国货币史上的"野猫银行"时期。不过，"野猫银行"时期并没有持续很久，出于方便交易和降低交易成本的考虑，后来人们逐渐接受了一种统一的货币。

从某种意义上来看，即使人人都能发行货币成为现实，经过市场竞争，最终的结果也是一种或者极少数货币占统治地位，这与今天的情况是一样的。虽然全球每个国家都发行货币，但是真正在世界上占统治地位的货币只有美元和欧元。

第 7 章

周期和危机

泰极否来，否极泰来，周而复始，以至无穷。无论是中国古代经典《易经》，还是佛教思想，乃至现代科学，都蕴含着宇宙自然和人类社会周期运行、循环往复的思想。

周期是经济学中最困难的问题之一。当熊彼特快要完成两卷本巨著《商业周期》（*Business Cycle*）时，他曾向同事哀叹自己已经累到极限。

研究周期为何如此之难？因为变量太多。没有人能完全掌握那无穷无尽的变量。

尽管如此，经济学者还是为我们理解经济的周期性波动提供了许多精彩和深刻的洞见。宏观经济政策的一个基本目标，就是尽可能避免经济危机，尽可能抹平经济周期。

所谓抹平经济周期，就是既不使经济过热，又不使经济萎缩；既不使投资者疯狂激进，又不使投资者恐慌畏缩。行稳才能致远，这不又是中庸之道吗？

为什么经济会出现周期和危机

回顾宏观经济学发展的历史，我们可以发现，宏观经济学希望实现一个目标，即通过研究和发现经济体系运行的规律，找到一种方法，实现经济持续稳定的增长，避免经济出现周期性波动，更要避免经济出现危机、萧条或衰退。那么，人类能够做到这一点吗？迄今为止，人类做得怎么样？下面我们来一起深入讨论。

先告诉大家一个最基本的结论，那就是人类经济体系和人的生命体系一样，永远不可能平稳得像一条直线那样，总是会出现周期性波动的，就像人总会有生老病死等各种生理周期一样。宇宙自然具有周期性波动的规律，是人类最古老、最了不起的思想。《易经》的基本思想就是循环周期律。易经六十四卦里的最后两卦分别是既济和未济。所谓既济，是指事物发展到一个完美或者完善的阶段。然而，这并不是事物发展的终点，既济之后是未济，未济意味着一个新的周期或者循环的开始。这是非常深奥和伟大的思想，它窥见了宇宙自然和人生的秘密。一个人无论取得多大的成就，无论活到多少岁，都不能达到所期望的理想、完美的境界。人类经济体系也是如此，繁荣之后必然是衰退和萧条，疯狂之后必然是危机和崩盘，这是无法逃脱的宿命。人类经济体系中的周期和危机是永远无法逃脱的，就像人永远无法逃脱病灾、忧患、苦痛一样。

为什么经济会出现周期性波动？这不仅仅是经济学问题，也是历史、哲学、宗教神学问题，需要我们从人类社会演变的根本规律出发来思考。答案，或许就在人性本身。

经济周期和危机是一个大问题，它困扰着历史上几乎每一位经济学家。历史上很多著名经济学者，特别是19世纪后期以来的著名经济学者，如凯恩斯、费雪、熊彼特、弗里德曼等，从本质上说，他们的研究都是为了回答这个问题。以悲观的人口理论闻名于世的英国政治经济学家托马斯·罗伯特·马尔萨斯也非常关注人类经济体系的周期性波动。凯恩斯推崇马尔萨斯，对李嘉图关注的长期经济体系稳定状态不以为然。凯恩斯有一句名言："从长期来看，我们都死了。"凯恩斯认为人类应该关注短期的经济波动问题，因此在《就业、利息和货币通论》中讨论的核心课题就是要解释经济体系为什么会出现失业、需求不足、投资不足、衰退和萧条。与凯恩斯同一年出生的另一位伟大的经济学家熊彼特毕生研究的课题就是经济周期波动。熊彼特广为人知的著作是《资本主义、社会主义和民主》和《经济发展理论》，但熊彼特认为自己最重要的著作是两卷本的《商业周期》——尽管今天很少有人知道和阅读过这一著作。事实上，熊彼特为撰写《商业周期》，可谓呕心沥血。

很多国家有专门的机构来研究经济的周期性波动。其中最著名的机构是20世纪初哈佛大学一些经济学家创办的一个高水平研究机构——美国国家经济研究局（National Bureau of Economic Research，NBER）。他们创立美国国家经济研究局的目的就是研究美国的经济周期，衰退、萧条等经济周期特征的定义都来自该研究局。该研究局不是政府机构，而是一个独立研究机构。美国有很多著名的经济学家，他们在顶级大学任教的同时，兼任NBER的研究人员。NBER在100多年的时间里产生了很多著名的研究成果。这些研究成果主要是与经济周期有关。由此可见，为了更透彻地理解经济周期，经济学者确实下了极大的功夫。比如，弗里德曼和安娜·J.施瓦茨（Anna J. Schwartz）合作出版的经典著作《美国货币史》就是NBER资助的研究项目。顺便说一下，当时，弗里德曼和施瓦茨都是 NBER 的兼职研究员。

事实上，当我们回顾经济学理论的发展历史时就会发现，几乎所有的经济学理论都在试图解释经济周期和危机。在现代经济学诞生之前，已经有学者试图用各种因素和力量来解释经济的周期性波动，解释为什么会有农业的歉收，为什么农业不是永远的丰收等。他们提出了很多有趣的理论，包括天灾人祸、太阳黑子理论等。

马尔萨斯的人口理论就是他研究经济周期所得出的一个结果。他认为，人的繁衍速度要超过食物的生长速度，所以当食物不够养活不断出生的人口时，就会出现大饥荒，大饥荒会让不少人死亡，然后再开启新一轮周期：人口出生→饥荒→死亡。凯恩斯认为这是现代宏观经济学研究经济周期的一个开端。

在马尔萨斯之后，还出现了一些非常著名的关于经济周期的理论。比如，马克思的生产相对过剩理论就是一个经济周期理论。为什么会出现经济周期？即为什么会出现经济的衰退和萧条，然后又慢慢复苏，从复苏走向高涨，高涨以后又会再次出现衰退和萧条？马克思认为，这是由资本主义生产方式的内在矛盾所决定的。资本主义生产方式的内在矛盾是指生产资料私有制导致的扩张生产的冲动和实际需求不足的矛盾。资本家拥有生产资料，其赢利动机驱使他拼命扩大生产、追逐利润，结果必然造成生产过剩。但是资本家同时又要极力降低工人的工资水平，极力剥削工人阶级，以赚取最多的利润和剩余价值。结果是工人阶级的收入很低，低到只能维持基本的生存。工人阶级没有能力购买资本家驱使他们生产出来的大量产品，于是就形成了生产相对过剩。生产相对过剩导致的后果是价格下降、销售不畅、经济危机和衰退萧条。马克思的生产相对过剩理论是一个很有说服力的经济周期理论。他从一个简单的理念“劳动价值论和剩余价值理论”出发，构造出一个非常复杂的经济周期理论。后来，萨缪尔森专门用严格的数学模型来证明马克思的生产相对过剩理论和再生产理论。

凯恩斯的著作《就业、利息和货币通论》研究的就是为什么会出现经济的周期性波动。他的理论后来被概括为有效需求不足理论。关于为什么会出现经济的衰退、萧条、下行和大规模失业，凯恩斯认为原因是经济体系的有效需求不足。所谓有效需求，就是投资需求和消费需求，对于一个开放的经济体而言，有效需求还包括国际市场对本国产品的需求。《就业、利息和货币通论》用大量篇幅分析有效需求不足的内在原因，包括人们消费偏好的变化、对未来预期的不确定性等。因此很多人认为，《就业、利息和货币通论》的最精彩之处不是有效需求不足理论，也不是暗含的政府干预政策，而是凯恩斯对经济体系内在不稳定性的认识。凯恩斯主张，当有效需求不足时，政府应该果断出手，以政府开支或投资消费来弥补社会公众的有效需求。之后每当经济下行时，很多国家的政府就会增加开支，实行刺激计划，同时实施量化宽松货币政策。这些做法的依据基本上都来自凯恩斯的有效需求不足理论。所以，美国前总统尼克松曾经说："现在，我是凯恩斯主义者。"坦率地说，今天世界很多国家的政府都是凯恩斯主义者，只不过有"小巫"和"大巫"之分。

熊彼特提出的经济周期理论，与马克思和凯恩斯关于经济周期的理论恰好相反。他认为经济周期不是由货币因素决定的，也不是马克思所说的生产相对过剩引起的，而是由技术创新决定的。熊彼特在《商业周期》里，提出了熊彼特经济周期理论。这个理论与原苏联经济学家统计学家尼古拉·德米特里耶维奇·康德拉季耶夫（Nikolai Dimitrievich Kondratiev）提出的康德拉季耶夫周期理论有异曲同工之妙。康德拉季耶夫用统计数据来研究人类的经济历史，他发现经济波动以每 50 年为一个周期。熊彼特试图提出一个理论来解释为什么会有康德拉季耶夫周期，以探寻其内在动因。熊彼特经济周期理论也有非常重要的影响力。今天经济学界还经常会有人引用康德拉季耶夫周期或熊彼特经济周期理论来研判宏观经济形势。熊彼特对马克思的经济学理论进行过深入的研究，虽然他不同意马克思的劳动价值论、剩余价值论、剥削等理念和学说，但是他的动态经济学理论深受马克思经济学理论及方法的影响。熊彼特的畅销著作《资本主义、社会主义和民主》至今仍然是很多经济学专业大学生的必读书，该书有超过 1/3 的篇幅论述了马克思经济学理论。在这部著作里，熊彼特首次提出基本概念“创造性毁灭”。他认为，资本主义经济动态演化的核心力量就是企业家的创造性毁灭力量。这一基本理念后来发展成为企业家和管理学家研究创新的中心理念。从这个意义上说，熊彼特对后世，尤其是今天的企业家和管理学家的影响远远超过凯恩斯，甚至任何一位经济学家。

弗里德曼和施瓦茨合作撰写的《美国货币史》，单纯从货币供应量的波动这一角度来解释经济的周期性波动。他们认为，经济的周期性波动主要是由于货币供应量的忽高忽低。这一观点与奥地利学派的观点相似，他们都认为货币供应量波动、通货膨胀和通货紧缩的罪魁祸首是中央银行。为了避免经济的周期性波动，弗里德曼提出著名的弗里德曼规则，他认为每年的货币供应量都应该按照一个固定的速度增长，比如按照 4% 的速度增长。但后来的实践证明这是不现实的，中央银行没有办法做到这一点。不过弗里德曼提出这个原则很有启发性。从历史上来看，货币供应量的波动确实是造成经济波动、经济周期、经济危机的一个非常重要的因素，有时甚至是决定性因素。

从货币因素出发解释经济周期性波动的理论，被称为货币经济周期理论或名义经济周期理论。货币经济周期理论以凯恩斯和弗里德曼的理论为代表，专注于研究引起经济短期波动的货币因素，尤其是货币供应量的变化，以及有效需求的变化。经济学者为了区分货币金融变量和实体经济变量，往往将前者称为名义变量，将后者称为真实变量。从实体经济因素（如技术创新和工业革命的角度）出发解释经济周期性波动的理论被称为真实经济周期理论。真实经济周期理论专注于研究经济内在的真实因素，也就是科技创新、劳动生产力变化等。熊彼特经济周期理论就属于真实经济周期理论。

可以看出，经济学者为了解释经济的周期性波动，花了极大的功夫，几乎对所有可能的因素都进行了非常详尽的分析，无论是理论模型研究，还是实证研究，其中都包含了经济学者大量艰苦而卓绝的努力。那么，他们是不是完全回答了这个问题呢？我认为，他们基本上已经回答了这个问题，至少是取得了非凡的进展和成就。那么，既然经济学者大体上已经找到了这个问题的答案，那么他们有没有办法抹平经济周期呢？客观地说，经济学者确实提出了很多抹平经济周期的办法，这些办法也非常有价值，但是并不能完全抹平经济周期。我认为，人类永远也不可能抹平经济周期，经济的周期性波动会永远存在。我们必须承认，经济学者预测和抹平经济周期的能力依然极其有限。以美国为例，美国几乎垄断了诺贝尔经济学奖，但是美国的货币政策成绩并不令人满意，不仅没有抹平经济周期，而且经常出现经济的周期性波动，甚至出现了像2008年那样的金融危机。

世纪大萧条：自由放任资本主义的末日

很多经济学者因为研究金融危机，尤其是20世纪30年代的大萧条而闻名于世。伯南克说大萧条是宏观经济学的“圣杯”，意思是，谁能够真正理解和解释大萧条的秘密，谁就能赢得宏观经济学中的最高成就。伯南克自己最出名的研究成果就是从货币传导机制角度阐释大萧条的机制。他后来专注于研究货币政策传导机制，提出的金融加速器理论等都是源自他对20世纪30年代大萧条的深入研究。

前文提到的《美国货币史》一书中里最重要、篇幅最长的章节就是关于20世纪30年代大萧条的。作者后来专门把这部分内容拿出来出版了一本专著。麻省理工学院著名经济史学家查尔斯·P. 金德尔伯格（Charles P. Kindleberger），哈佛大学经济学教授、《繁荣与萧条》的作者戈特弗里德·冯·哈伯勒（Gottfried Von Haberler），以《丰裕社会》等著作知名于世的约翰·肯尼思·加尔布雷斯（John Kenneth Galbraith）等很多学者都曾深入研究大萧条。另外，凯恩斯的《就业、利息和货币通论》、费雪的“债务 - 通货紧缩”理论和哈耶克的“经济周期理论”，其目的都是解释大萧条。从这个意义上几乎可以说，现代宏观经济学就是由 20 世纪 30 年代大萧条催生出来的一门学科。

那么，20 世纪 30 年代的大萧条是怎么发生的呢？大萧条的起源是 20 世纪 20 年代美国股票市场的狂热，当时美国出现了非常火爆的新经济。“新经济”概念并不是 20 世纪 90 年代互联网出现以后才有的。在 20 世纪 20 年代，美国有大量新产业出现，如汽车、电力、家用电器、石油化工等，被人们称为新经济。新经济催生了股票市场的狂热，美国出现了狂热的投资、狂热的投机、狂热的股票市场、狂热的房地产，而欧洲也出现了类似的狂热。

为什么会出现这种狂热的状况呢？其中一个重要原因就是，英国当时要恢复金本位制，因此需要吸引大量资金到伦敦金融市场。时任英国财政大臣丘吉尔和时任英格兰银行行长蒙特古·诺曼（Montagu Norman）是极力主张依照战前汇率恢复金本位制的首要人物。第一次世界大战前的英镑汇率是 1 英镑兑换 4.86 美元，但 20 世纪 20 年代的英国经济根本无法支撑如此高估的英镑汇率。诺曼将这个古老的英镑汇率看作大英帝国的辉煌、名誉和地位的象征，拼死也要捍卫这个汇率，并依照这个汇率来恢复金本位制。诺曼设法和美国的美联储纽约银行和摩根财团达成了协议。时任美联储纽约银行董事会主席本杰明·斯特朗（Benjamin Strong）和摩根财团的人都是亲英派，愿意为英国恢复金本位制尽心尽力。他们达成的协议是，美联储纽约银行采取政策尽可能维持纽约市场比伦敦市场低的利率。这样资金就会留在伦敦，来支持英国恢复金本位制。纽约金融市场低利率，刺激了股票市场和资产市场的投机。20 世纪 20 年代美联储纽约银行降低利率之后，美国开始出现严重的股票市场泡沫和房地产市场泡沫。而股票市场资产泡沫在 1929 年崩盘之后，直接导致了后来的银行危机、企业破产、大规模失业、经济大萧条。

可以看到，历史上所有的金融危机及其所导致的经济危机和大萧条，追溯起因虽然有客观因素，但更多的是主观因素或者说人祸。18世纪初期，英国和法国曾出现两次非常严重的金融危机。一次是法国的密西西比泡沫导致的金融危机，另一次是英国的南海泡沫导致的金融危机。如果深入研究这两次金融危机，我们也会发现，本质上它们也是人为操纵的结果。

20世纪20年代出现股票市场和资产市场泡沫，以及随后股票市场的崩盘，还有一个重要原因，那就是20世纪30年代之前美国资本市场基本上是自由放任的，没有监管金融体系。截至1929年，华尔街金融市场虽然已经有100多年的发展历史，但是除一些行业自律规范之外，并没有政府监管，主要依靠投资者协会或自身的自律。19世纪，美国金融市场经常出现金融危机，各种内幕交易、市场操控层出不穷。从这个意义上来说，1929年的美国股票市场崩盘及其所导致的20世纪30年代大萧条，核心原因是人祸，而不是天灾。金融危机基本都是政府或者中央银行的政策错误、金融市场参与者的胡作非为或内幕交易造成的，或者说是人性的贪婪造成的。

20世纪30年代的大萧条导致了美国资本主义经济体系的重大变革，具体表现就是罗斯福总统实施的两大革命性举措。

第一大革命性举措，是全面实施和加强对经济和金融的政府监管。1933年是资本主义发展史，特别是美国资本主义发展史上具有里程碑意义的一年。罗斯福政府和国会通过了一系列法律，包括监管银行业的著名的《格拉斯－斯蒂格尔法案》、监管资本市场的证券法等。这一措施的核心就是加强对银行业、资本市场和证券公司的监管，实施商业银行和投资银行的分离。

第二大革命性举措，就是大幅增加财政支出以挽救经济危机，并以此摆脱大萧条的影响。这一举措的本质就是大家耳熟能详的凯恩斯主义经济政策。当然，1933年罗斯福开始制定和实施财政开支或赤字政策时，凯恩斯还在写《就业、利息和货币通论》。后世学者经常争论，究竟是凯恩斯的理论影响了罗斯福，还是罗斯福的新政影响了凯恩斯的理论。这也是一个很有趣的话题。凯恩斯后来和罗斯福有过会面，但双方对彼此的印象似乎不是那么好。

罗斯福担任总统期间，对美国经济和金融实施的这两大革命性举措，可以说重塑了美国经济和金融的结构，也改变了美国经济和金融历史演进的方向，让基本上自由放任的资本主义成为有管制的资本主义经济，也就是后来经济学者所说的混合经济。政府的手越伸越长，管制和监管的范围越来越广。仅就此而言，罗斯福总统在美国历史上就具有重要的地位。虽然他的主要历史贡献是领导美国打赢第二次世界大战，重塑了世界政治和安全格局，重塑了国际秩序，但他在美国经济金融政策上的举措也证明他是一位具有划时代领导地位的伟大人物。

可以说，20 世纪 30 年代的大萧条对世界各国的经济政策都产生了深刻的影响。为了应对大萧条，政府一方要实施和加强金融监管。从此之后，金融监管成为世界潮流。随着时间的推移，尽管金融监管的节奏有波动和变化，但总体而言，金融监管日趋完备和严格。比如到了 20 世纪八九十年代，里根经济学革命大放异彩，放松管制成为新的主流，美国的金融监管有所放松。但 2008 年金融海啸之后，加强金融监管再次成为主要趋势。20 世纪 30 年代的大萧条催生了凯恩斯的宏观经济政策，该政策逐渐开始成为主流。追求充分就业成为世界各国首要的宏观经济政策目标。所谓的需求管理成为世界各国实施经济刺激政策的首要手段。可以说，20 世纪 30 年代的大萧条，对整个人类经济的发展史都产生了极其深刻的影响。

第二次世界大战结束之后，美国、英国和欧洲其他一些国家纷纷立法，将充分就业写到法律中，使其成为政府必须完成的法律责任，政府的职能从此发生了重大的变化。比如，财政部主要的功能由维持财政平衡转变为刺激经济增长。财政刺激政策和赤字政策日益成为主流，这在 20 世纪之前是不可想象的。相应地，中央银行的主要职能也从维持货币的稳定，特别是维护金本位制的正常运转，转变为不仅要维持货币稳定，还要担负起稳定经济增长的职责。很多国家的中央银行，包括美联储在内，都开始实行货币政策的双目标制，即维持货币稳定和经济增长。

总而言之，20 世纪 30 年代的大萧条在人类经济、金融和政治历史上，都是一个划时代的大事件。

亚洲金融危机：这是东亚模式的终结吗

现在，我们来谈一谈 1997 年亚洲金融危机。这场金融危机波及全球，受影响最严重的国家和地区有泰国、印度尼西亚、马来西亚、韩国以及中国香港，中国内地也受到一定冲击。

1997 年亚洲金融危机爆发时，香港刚刚回归祖国，港币汇率经受了严峻的挑战和考验。前文提到过，香港实行的是以固定汇率与美元挂钩的联系汇率制度。1997 年亚洲金融危机爆发之前，风雨欲来，以索罗斯量子基金为代表的一些国际对冲基金公司认为港币汇率面临极大的不稳定性，更经受不住金融危机的冲击，所以它们投入巨资进行豪赌，大举进攻香港的港币联系汇率。当时刚刚回归祖国的香港特区政府开启了香港联系汇率保卫战，并得到了祖国强大的支持。最终，香港将以索罗斯量子基金为首的国际对冲基金和投机者击败。

1997 年亚洲金融危机最初的表现是汇率崩溃。比如，泰铢汇率从 1997 年 7 月亚洲金融危机之前的 22 泰铢兑 1 美元，最低跌到 60 多泰铢兑 1 美元。这是非常典型的汇率危机，与 2014 年俄罗斯、2018 年土耳其的汇率危机如出一辙。然后是外债危机，因为遭受危机冲击的国家，特别是泰国、马来西亚、印度尼西亚、韩国，在危机之前经历了很长时间的高速经济增长，而经济高速增长的一个非常重要的推动力就是外资的大规模涌入。外资涌入有很多种形式，下面我们来介绍其中三种。第一种形式是外资进入这些国家做长期投资，比如，开设工厂、参与基础设施建设等，此类投资是比较健康的。第二种形式是所谓的短期热钱（hot money）。热钱在经济学中是一个很重要的概念，特别是当我们研究经济周期波动、经济危机的时候，经常会用到这个概念。那么，什么是热钱呢？通常，大家认为投资期限很短、一年以内快进快出的投资就叫热钱。由于亚洲这些国家和地区的经济增速很高，房地产价格、股票市场的价格上涨很快，所以很多外国资金纷纷进入这些国家和地区来投机，希望赚一笔快钱，快进快出。1997 年亚洲金融危机之前，亚洲这些国家和地区的热钱流入量非常巨大。第三种形式是外债。这些国家和地区的企业，以及金融机构所借的外债在 1997 年亚洲金融危机之前也在逐年快速增长。

在这三种外资形式中，做长期投资的外资是比较健康的；热钱很容易大起大落，会引发金融市场波动；外债也容易引发大问题。1997 年亚洲各国出现汇率危机的时候，投资者预期发生逆转，他们开始大规模抛售亚洲地区的股票和房地产，纷纷将资金撤出，导致这些国家和地区的货币汇率急剧下跌。但这些国家和地区的企业和金融机构所借的外债必须偿还，货币汇率急剧下跌，使其外债偿还的压力成倍增加。比如，泰国一家企业借了 1 亿美元的外债，危机前只需要 22 亿泰铢，就可以兑换 1 亿美元还债。当泰铢汇率下跌到 50 泰铢兑 1 美元时，该企业就需要 50 亿泰铢来归还外债。在这种背景下，对于很多负债累累的企业来说，还债就变成了根本不可能实现的事情。巨大的债务压力将当时亚洲地区的很多企业压垮，投机者纷纷将本币换成外币转移出去，那些大规模借外债的企业和金融机构也纷纷从市场上购买外币、抛售本币，这反过来又加剧了本币汇率的下跌。汇率下跌进一步导致债务压力加大，然后企业和金融机构更加疯狂地抛售本币购买美元，从而又迫使本币汇率急剧下降……如此就形成了我们在很多金融危机里都会看到的一种典型的恶性循环。随着债务压力的迅速加大，很多企业无力还债，相互拖欠日益严重，企业和企业之间、企业与金融机构之间、金融机构与金融机构之间就出现了流动性危机，流动性危机进而引发金融机构和企业的破产。

在1997年亚洲金融危机之前长达20年的时间里，亚洲各国和地区创造了世界经济增长的奇迹。当时，以中国台湾、中国香港、新加坡和韩国为代表的“亚洲四小龙”闻名世界。此外，亚洲其他一些国家和地区也实现了快速的经济增长。人们把这一亚洲经济增长奇迹背后的一些制度和体制机制，包括投融资模式概括称为东亚模式。东亚模式此前的代表有日本，日本在第二次世界大战之后实现快速的经济增长。人们普遍认为日本政府的产业政策，特别是以通商产业省为代表的贸易和产业政策发挥了重大作用。20世纪八九十年代，东亚模式是国际经济学界热烈讨论的一个话题。经济学者一直在热议，其他国家是不是也可以借鉴东亚模式、东亚模式的秘诀是什么。我在哥伦比亚大学读书时，教授在课堂上还专门要求我们去阅读有关东亚增长奇迹的文章。因此在1997年亚洲金融危机爆发后，人们纷纷猜测：这是否标志着东亚模式的终结?

1994年，美国著名经济学家克鲁格曼在美国著名杂志《外交》季刊（*Foreign Affairs*）上发表了一篇题为《亚洲奇迹的迷思》（*The Myth of Asia's Miracle*）的文章。在这篇文章里，克鲁格曼批评亚洲高速增长模式的不可持续性，因为这一模式依靠的是高额投资，而不是内生的科技创新，没有内生的劳动生产率的持续增长，是一种典型的外延式经济增长，单纯依靠大规模投资以及资源和劳动力的大规模调动和投入。该文章发表几年后，1997年亚洲果然爆发了严重的金融危机。所以克鲁格曼在1997年亚洲金融危机爆发之后声名鹊起。

克鲁格曼的文章让我们深刻反思东亚模式：东亚模式有自己的优势，也有自己的不足。经济增长如果过度依赖外来投资和简单的投资扩张，是很难持续的。经济增长到了一定阶段，一定要转向依靠内生的技术创新和内生的劳动生产率的持续增长。所以在 1997 年亚洲金融危机以后，亚洲这些国家和地区开始反思，特别是韩国和中国台湾，都开始下决心探索增长模式的转型。应该说，韩国和中国台湾这些年做得比较成功，很多行业实现了向科技创新的成功转型，劳动生产率、科技创新水平有了大幅度提高。比如，台积电已经成为世界上最成功的芯片企业之一，市值超过英特尔，成为中国台湾科技创新的标志性企业；韩国的三星集团和汽车行业也是非常成功的例子。

东亚模式的成功经验和失败教训，对于我们理解中国经济的转型升级也具有十分重要的意义。过去几十年，中国经济的高速增长主要也是依靠投资的大规模增长，真正内生的科技创新严重不足。目前，中国经济也面临爬坡、过坎、升级换代的巨大挑战和压力。从这个角度看，东亚模式在过去几十年走过的道路仍然值得我们认真研究和借鉴。

金融大海啸：余威仍存

2008 年金融海啸引发了欧洲和其他很多国家的债务危机和经济衰退，其影响至今仍然存在。今天我们所看到的保护主义、单边主义，以及美国发动的针对中国的贸易摩擦，在很大程度上也是这次金融海啸的后续影响。为什么这场金融海啸会有如此巨大的影响？很多人认为，此次金融海啸标志着全球化的退潮甚至终结。我认为说全球化终结有些夸张，但全球化退潮是肯定的。我们可以看到，在 2008 年金融海啸之后，全球的贸易保护主义、投资保护主义、单边主义猛烈抬头。之后的好几年，全球贸易的增速远远低于全球 GDP 的增速。

2008年金融海啸有两大主要表现，其一是全球股票市场崩盘。具体来说就是，美国的道琼斯指数、纳斯达克指数出现崩盘，跌幅超过5%，甚至接近10%，并带动欧洲和其他国家的股票市场暴跌。其二是大量金融机构面临流动性危机和破产倒闭的压力。2008年9月15日，华尔街著名的老牌投资银行雷曼兄弟公司轰然倒下，宣布破产，这一事件立刻引发全球性的金融震荡。紧接着，美国另一家老牌证券公司美林证券宣布陷入流动性危机，不得不选择被美国银行接管合并。紧接着，全世界最大的保险集团之一美国国际集团出现流动性问题，被政府紧急接管。随后，美国金融体系皇冠上的一颗颗明珠，如花旗银行、摩根大通，甚至最稳健和强大的投资银行高盛集团等美国顶级金融机构，似乎都开始出现流动性危机。当时，美国政府彻底慌了。2008年是小布什执政后期，时任美国财政部长是著名的投资银行家亨利·保尔森——他经常到中国来访问，很多中国人对他比较熟悉，还有人认为他是中美外交领域里基辛格的继承人。2008年9月5日，保尔森在美国国会做出一个出人意料的动作，他单腿向众议院议长、民主党人南希·佩洛西下跪，请求众议院尽快通过"不良资产救助计划"。所谓"不良资产救助计划"，是指政府要对所有的金融机构，特别是美国24家最具实力的金融机构注资入股，最高注资占股比例达到25%，以确保它们流动性的稳定，保护这些巨型金融机构不会破产。这些举措说明，当时美国金融市场已经到了崩溃的边缘。

具体来说，当时美国的货币市场，也就是银行间和金融机构间的同业拆借市场，几乎陷于停摆。要知道，同业拆借市场对一个国家经济金融的正常运作是非常重要的，因为金融机构不是每时每刻都拥有庞大的资金，即不是每时每刻的头寸[①]和流动性都非常充足的，它们需要通过同业拆借市场来管理头寸和流动性。如果此时同业拆借市场陷入停摆状态，那么金融机构的短期流动性问题就没有办法解决，金融机构就没有办法对客户进行即时支付，于是就会出现违约，这包括金融机构之间的相互违约、金融机构和企业之间的相互违约。

① 头寸是指金融市场中投资者拥有或借用的资金数量。——编者注

幸运的是，通过“不良资产救助计划”，美国金融市场迅速得到了稳定，没有出现 20 世纪 30 年代那样大规模的金融机构破产和更加严重的金融危机。

除时任美国财政部长保尔森主导的“不良资产救助计划”以外，美国还有一个非常重要的举措，就是美联储的量化宽松货币政策。所谓量化宽松货币政策，就是美联储无限量地（原则上是无限量，但实际上会公布一个数量或限额）向市场购买各种资产，向市场释放流动性，以稳定金融市场。如前文所说，本来中央银行向市场购买资产是有质量要求的，必须是信用级别在投资级以上的资产。量化宽松货币政策大幅下调了美联储购买资产的资质——因为投资级以上的资产数量不够美联储购买，所以美联储必须购买一些投资级以下的资产，包括一些垃圾资产。量化宽松货币政策实行了好几轮，对于稳定美国的金融市场确实发挥了重要的作用。所以，尽管美国经济在 2009 年出现了短暂的衰退，但是很快就开始复苏。但是，量化宽松货币政策也有一个负面后果，那就是造成今天全球出现的负利率和全球货币政策的基本失效。

现在来看，2008 年金融海啸爆发的原因是非常复杂的。其中最重要的原因就是金融投机过度，即虚拟经济的恶性膨胀。2008 年金融海啸之后，我在深入地研究了国际货币体系的演变后认为，1971 年布雷顿森林体系崩溃之后，人类货币体系再也没有明确的锚，货币发行量没有任何约束，中央银行可以随意发行货币就会造成通货膨胀，尤其造成虚拟经济的恶性膨胀。

在资本主义国家，虚拟经济恶性膨胀以美国和英国为首。其实在 20 世纪 80 年代、20 世纪 90 年代和 21 世纪初期，英美都出现了虚拟经济的增速远远高于实体经济增速的现象，这是一种非常可怕的局面。华尔街的金融投机是全球之最，金融投机行业的收入远远高于实体经济行业的收入。华尔街一个普通的交易员，年收入高达几十万甚至几百万美元。而金融巨头，如高盛集团、摩根大通等的首席执行官，年收入高达几千万美元甚至几亿美元。但是美国普通工人阶级的年收入只有三四万美元。从中我们可以看出，金融投机或虚拟经济的恶性膨胀导致了极为悬殊的收入差距。这诱使很多顶级人才去华尔街做金融投机，如高频交易、量化交易等。虚拟经济恶性膨胀使投机买卖达到天文数字，而金融投机最终会导致金融危机，并造成社会的撕裂和分化，加剧社会矛盾。

相信大家还记得，2008 年金融海啸爆发以后，美国发生了震动世界的“占领华尔街”运动。时任美国总统奥巴马和其他很多政治人物都高调谴责华尔街的金融投机和过度高薪。“占领华尔街”运动波及世界各地。美国的一些政治家曾经信誓旦旦地说要改革华尔街，但后来不了了之。虚拟经济恶性膨胀的现象在今天依然严重，收入差距和贫富分化依然是美国和世界很多国家面临的重大社会难题。

事实上，2008 年金融海啸还造成一个更加严重的后果，那就是很多美国民众不再相信全球化，他们认为自己是全球化的受害者，认为全球化在美国主要的受益者就是华尔街的金融投机者，中国是主要受益者。后来，特朗普政府就打着这个旗号，提出要抵制全球化浪潮，实行贸易保护主义，并挑起了针对中国的贸易摩擦。

简而言之，2008 年金融海啸对今天的世界政治经济格局有着极其深远的影响。

女王之问：经济学家为何无法预测危机

实际上，每一次金融危机都是经济学，特别是宏观经济学的危机。2008 年金融海啸爆发之后，很多人质问经济学家：你们为什么没有预测到金融危机的爆发？

其实，很多经济学家已经开始了严肃的反思，反思那些复杂无比的宏观经济学模型到底有什么问题。美国经济学界反思的一个结果很有意思，他们认为过去宏观经济学模型没有把金融这个领域纳入进去，而主要在讨论实体经济，所以缺乏解释力和预测力，因而也就没有预测到金融危机。我当时对此表述感到非常震惊，美国经济学家几十年来构造的那么多宏观经济学模型，竟然没有考虑金融领域，这不是滑天下之大稽吗？这让人如何信服？但是美国经济学者就是这么认为的，他们试图从数学模型的构造上进行深刻的反思，说要开始把金融领域纳入数学模型中。据说有好几位经济学者已经因为构造这样的新模型在美国经济学界获得了很重要的地位，并且赢得了很重要的奖项。在我看来，这种反思是非常浅薄的。为什么呢？因为宏观经济学的问题并不在于有没有将金融部门纳入模型中去。明斯基在一本书中重新阐释了凯恩斯的经济理论。他认为以前经济学界对凯恩斯经济学的理解是不准确的，并且把萨缪尔森和詹姆士·托宾等人所代表的凯恩斯主义经济学称为杂牌凯恩斯主义（bastard Keynesianism）。明斯基认为，凯恩斯真正的贡献是发现了人类金融体系的内在不稳定性。金融体系的内在不稳定性是一个客观事实，人类没有办法避免或消除这个内在不稳定性，只能尽可能去减轻其影响或冲击。所以，明斯基认为凯恩斯经济学理论的精髓是研究为什么人类金融具有不可避免的内在不稳定性。

凯恩斯在《就业、利息和货币通论》里曾经提出一个著名的概念，即动物精神（animal spirit）。这个概念很有意思，是指人所具有的非理性精神。以前的经济学者假设人都具有理性，对此凯恩斯并不赞同，他认为很多人投资股票，并没有经过计算和分析，而是跟风投资或投机，往往是听朋友说一只股票要涨，就赶紧买了，此类跟风行为被称为羊群效应，是一种盲目的行为。因此凯恩斯称之为动物精神，因为它本质上是一种非理性的动物本能。

明斯基在重新阐释凯恩斯经济学理论时，提出了一个著名的假说，即金融不稳定假说，以及一个重要的名词“明斯基时刻”。明斯基时刻是指金融危机的极端时刻，即金融体系面临全面崩溃的时刻。如前文所说，2008 年金融海啸发生时，美国金融市场出现全面崩盘的危机，同业拆借市场几乎完全停摆，这就是明斯基时刻。因此可以看到，经济学界早就将金融领域纳入了宏观经济学模型，凯恩斯就是最早将金融领域纳入宏观经济学模型的人。宏观经济学本质上是研究货币理论的，怎么可能没有纳入金融部门呢？所以 2008 年金融海啸之后，美国经济学界的反思结果是非常奇怪的。

另外，我也认为这一反思没有抓住问题的本质。要深入讨论金融危机这个问题的本质，就要回答一个根本性问题，即人类有没有能力预测经济周期和金融危机。要深入回答这个问题，就要理解人类经济金融体系的周期性波动和危机的本质。

2008 年金融海啸爆发后，英国女王伊丽莎白二世的资产也遭受了很大损失。英国女王到伦敦政治经济学院视察时，很多著名经济学家都到场参加活动。女王看到这么多著名经济学家在座，忍不住发问：你们都是伟大的经济学家，为什么就没有预测到危机的发生呢？当时，没有一个人能回答女王的质问，人们面面相觑，场面非常尴尬。这一提问被称为“女王之问”，直指经济学家对宏观经济运行中潜在的重大风险失于预判的窘境。会后，针对“女王之问”，英国社会科学院召开专题论坛，邀请相关各界的专家学者展开研讨，并在呈交女王的信函中对“女王之问”做出了回应：虽然部分专家学者预见到了危机，但确实没有人准确预测出金融危机的具体发生形式、时间及其危害程度，而造成这种状况的原因是多方面的。信中，英国社会科学院向女王“承诺”将积极致力于发展出一套多部门联动、全新、共享的大局观能力，从而使女王“再也无须”问这一问题。

2008 年金融海啸爆发以来，我也开始对经济学进行了深刻、系统的反思。我们应该承认一个事实，那就是经济学者没有办法预测经济和金融的内在变化。这就涉及人类经济体系的本质和人类经济行为的本质。

“预测”这个概念是从物理学借过来的。物理学研究的是一个无机的物理系统，从某种意义上说，物理学研究的是一个机械系统，所以我们可以用牛顿的万有引力公式和力学公式准确地推测太阳系行星的运动速度和轨道。18 世纪，法国著名的天文学家、数学家拉普拉斯更是夸下豪言壮语：只要给我确定的参数，宇宙在任何时候的状态，不管是过去还是未来，我都能够精确计算出来。的确，如果物理学不能做出准确的预测，人类就没有办法造火箭、飞机和航空母舰了，甚至今天人类文明的许多物质基础就不会被创造出来。但是人类经济体系不是一个机械体系，也不是一个无机的物质体系，而是一个动态演化的生命体系。动态演化的生命体系是没有办法预测的。今天，人人都在谈论互联网、人工智能、大数据、云计算、元宇宙、移民火星等。10 年、20 年乃至 30 年以前，有谁预测到这些崭新的科技创造了呢？有谁曾经预测到智能手机以及人工智能时代的来临呢？其实，经济危机和金融危机从本质上也是一样的，我们没有办法准确地预测它们何时会爆发。

既然没有办法准确地预测金融危机和经济危机，那么是不是我们就不用对其进行研究了？当然不是。我们虽然不能准确地预测金融危机和经济危机，不能准确地预测人类经济体系的动态演化，但我们能够从过去的历史经验中，总结出经济体系运行的一些内在规律，特别是从金融危机的酝酿和爆发、经济周期性波动中，总结出很多规律，并汲取教训。

事实上，人类的确在这方面取得了不错的成就。比如，2008 年金融海啸后，伯南克之所以能够立刻推出量化宽松货币政策，就是因为他汲取了 20 世纪 30 年代大萧条期间美联储错误货币政策的深刻教训。很多人包括伯南克认为，20 世纪 30 年代之所以出现大萧条，就是因为当时的美联储不作为。当时的美联储认为，之所以会出现股票市场大崩溃和经济大萧条，是因为市场利率太低，信贷过于宽松，以致投机活动过度。所以，危机爆发之后，美联储不仅不降低利率、释放流动性，反而是紧缩流动性、提高利率，以惩罚投机者。紧缩流动性和提高利率导致了金融体系的崩溃。伯南克因为研究 20 世纪 30 年代大萧条而出名，他对大萧条的经验教训有深刻的理解。伯南克的例子说明，研究历史上经济周期性波动、金融危机的经验和教训，有助于人们采取措施应对金融危机的冲击，至少有助于缓解金融危机的冲击。虽然人类无法准确预测金融危机和经济危机，也可能无法完全抹平经济周期，金融危机和经济危机还会持续发生，但通过过去的经验和教训，我们能够设计和采取预防措施，缓和金融危机和经济危机带来的冲击。

第 8 章

封闭和开放

爱因斯坦曾经表达过这样一个观点，就真理的普适性和颠扑不破而言，热力学第二定律在所有物理学规律里面是独一无二的。

简单地说，热力学第二定律告诉我们一个基本道理，那就是：无论是人的生命体系，还是一个国家的经济体系，任何一个体系如果封闭起来，其结果必然是死水一潭，失去任何生机和活力。因此，要永葆生机和活力，任何体系都必须对外开放，以持续不断地汲取新的思想、新的创意、新的能量和新的资源。

这也是经济学者研究人类经济史演变所得出的基本结论。古往今来，无论是大国还是小国，只有敞开国门、对外开放，充分与外部世界进行经济、技术和思想的交流与合作，才能实现持久的经济增长和富裕发达。

如果闭关锁国，故步自封，那么就是死路一条，这是所有人都应记住的首要教训。

从酋长部落到地球村

封闭和开放是人类经济发展史上一个非常重要的主题。我们现在都明白一个最基本的道理，那就是开放是一切创新的源泉，开放是经济增长的源泉，也是技术进步的源泉。只有开放才能有对外贸易，才能实现国际资金的互通有无、人才资源的更优配置，以及更好的教育制度和科学体系。无论对个人、企业、大学、组织、城市，还是对整个国家而言，开放、包容、多元，永远是活力和动力之源。开放意味着创新、繁荣和进步，封闭意味着守旧、落后和贫穷。然而，人类是经过了漫长的历史才认识到这个基本道理的。今天世界上大多数国家都实行对外开放政策，但是仍然有少数国家非常封闭，甚至是完全对外封闭。我们可以发现一个基本现象或基本规律，那就是充分对外开放的国家，往往都是比较富裕发达的国家，或者说富裕发达的国家必然是充分对外开放的国家。人们经常谈到的各国护照含金量，在某种程度上也代表着一个国家的发达水平和开放程度。一个国家只有充分对外开放，才会使其他国家对其开放。因此可以说，一个国家的开放程度不仅仅是经济发展和增长的结果，更是经济发展和增长的基本前提。

古典经济学者从一开始就认识到国家对外开放的重要性。古典经济学的代表人物，如亚当·斯密和休谟，都极力主张对外开放，反对封闭或闭关锁国。

比如休谟曾精彩地阐述了金融对外开放的基本调节机制——古典贵金属流通和汇率自动调节机制，这也是经济学中非常重要的理论。亚当·斯密在伟大的经典著作《国富论》里提出一个经济学的基本命题，那就是人类财富的增长源泉主要是分工的深化和相互的合作。后世经济学者将亚当·斯密的这个命题称为"斯密定理"，它描述了人类经济增长和财富创造的一个基本规律——没有充分的开放就没有市场扩张，没有市场的扩张就没有分工的深化，没有分工的深化就没有经济的增长。几千年乃至上万年以前，人类社会都是分成一个一个小村庄、一个一个小部落，这些小村庄、小部落与外界鲜有往来。而科技进步是人类不断相互融合的渠道，今天，人类社会已经成为一个真正意义上的地球村，或者说，地球上绝大部分的经济体都已经相互融合在一起。尽管时不时有否定全球化的声音和全球化的逆流出现，但人类相互之间的融合大势已经不可逆转。

人类的进步本质上是分工、合作、开放所带来的结果。分工、合作和开放所导致的一个基本结果就是市场规模的日益扩大和产业分工的日益深化。人类历史就是一部不断开放和融合、不断交易和交流以及不断分工和协作的历史。今天的地球村已经把地球上 70 多亿人紧密地联系在一起，电子商务、跨国投资、跨国贸易、跨国人才交流等，每时每刻都在全球范围内不停地进行。

从经济学上讲，全球的开放融合主要包括两个层面。一个层面是纵向的开放和融合，主要是指一个国家或地区逐渐变成一个高度融合的经济体系。一个国家或地区，最初也是由酋长部落不断地过渡到比较大的部落，然后过渡到统一的国家或地区的。这是一个国家或地区内部深层次、多层次的不断开放和融合。另一个层面是横向的开放和融合，是指国与国之间、洲与洲之间不断的开放融合。比如，欧洲和亚洲、亚洲和美洲、美洲和非洲、非洲和亚洲等不断地相互开放、相互融合，才形成了今天真正的全球经济、全球贸易网络、全球投资网络、全球人才网络和全球信息网络。

技术进步是人类纵向和横向开放融合过程中最重要的推动力量。中国有一句俗语：要想富，先修路。以前，中国偏远、贫穷的村庄，之所以与世隔绝，并不是因为人们不想与外界交流，而是因为这些村庄没有公路、水路、铁路，根本没有办法与外界交流。交通运输技术的进步改变了这一切。如今，全世界，包括中国，要扶贫或解决赤贫问题，首先就是要修路。修路就是建设完善的交通运输系统，科技进步使交通运输系统的不断改进成为可能。交通运输在人类第一次工业革命之后才真正实现突飞猛进的发展。在第一次工业革命之前，人类社会技术进步和经济增长的速度是非常缓慢的。受限于交通不便，人类早先只能在自己国家周边旅行，只有极少数探险家能够到其他国家或其他洲去旅行。1492 年，哥伦布受命去远洋探险时是冒着极大风险的。当时的航海技术与今天相比，可以说是非常原始。第一次工业革命之后，随着科技的不断进步，我们先后有了行驶速度比较快的火车、轮船，后来又有了汽车，更重要的是有了飞机，之后人类又发明出计算机、智能手机、人工智能等。人类通过各种先进的交通运输工具和信息技术，紧紧融合在一起。

如今，地球上任何地方、任何时间发生的事情，都可以通过网络瞬间传递到世界上的每一个角落。随着大型飞机技术和航海技术的不断进步，人类跨洋或跨洲的旅行和运输价格变得更加便宜。特别是超级远洋货轮和集装箱运输等先进设备和技术的出现，使人类的货物贸易规模不断扩大。如此庞大的贸易规模需要强大的运输能力，国与国之间每年的飞机航班数已经多达数千、数万，甚至数十万架次。如此巨大的交通运输量需要技术和信息上非常精密的调控，这些都是靠高超的技术手段才能达成的。

人类目前正处于第四次工业革命进程中。我们可以看到，每一次工业革命都极大地推动了经济的进步和社会的开放。第一次工业革命最重要的发明就是蒸汽机，它极大地推动了铁路和航海技术的进步；第二次工业革命最重要的发明就是电力和汽车，它们是人类历史上具有划时代意义的发明；第三次工业革命最重要的发明是计算机、互联网和智能手机，它们同样是人类历史上具有划时代意义的发明；第四次工业革命最重要的发明是人工智能，人工智能是综合性技术的总称。每一次工业革命都带来了全新的技术，都极大地促进了人类进一步的开放和融合，为人类的货物贸易、人员流动、技术交流创造了更加便利的条件，以及更低成本的全球经济和金融环境。站在历史和更加宏大的视角来观察人类社会的演化，我们可以非常有信心地说，人类的开放和融合是大势所趋，不以任何人的意志为转移，尽管总有人不喜欢全球化，甚至试图逆转全球化，但这种行为终究是徒劳的。

贸易、投资、科技和人才驱动未来

现在，我们讨论全球经济金融开放融合的四个轮子。这四个轮子分别是国际贸易、国际投资、跨国科技交流和跨国人才流动。同时，它们也是人类经济开放的四个维度和四个阶段。

全球经济金融开放融合的第一个轮子是国际贸易。我们可以看到，人类早期的相互开放和融合活动主要是贸易活动。近年，中国提出“一带一路”倡议，听到这个词，人们很自然地就会联想到古代的丝绸之路、茶马古道等充满传奇色彩的国际贸易通道。几千年以前，非洲北部和地中海地区就已经开始了非常频繁的国际贸易。远在汉唐时代，中国就与欧洲各国有非常频繁的国际贸易。换句话说，人类的国际贸易活动至今已有数千年甚至更长的历史。

国际贸易催生了全球经济金融开放融合的第二个轮子，即国际投资。国际投资，特别是大规模和持久的国际投资，实际上是第一次工业革命以后才出现的现象。经济学者一般认为，国际投资是第一次工业革命和第二次工业革命以后才开始兴起。特别是 19 世纪后期，全球以英国伦敦为金融中心，形成了非常强大的国际投资浪潮。当时英国和欧洲其他国家的银行家、企业家和投资家，向非洲、美洲、亚洲和全球其他地区进行大规模投资，形成了第一次全球化浪潮。国际贸易必然伴随国际投资，二者从来就不可分离。

我们把视角拉得更远一些，可以说，国际投资在数百年，甚至数千年以前就开始了。特别是在公元 11 世纪和 12 世纪，意大利城邦的威尼斯、热那亚、佛罗伦萨，德国汉堡，以及后来居上的荷兰阿姆斯特丹等，相互之间都有大规模的国际投资。尤其是威尼斯、热那亚、佛罗伦萨、汉堡、安特卫普、阿姆斯特丹等，这些城邦和城市的经济，从一开始就建立在国际贸易和国际投资的基础之上。威尼斯、热那亚、阿姆斯特丹先后是当时欧洲和全球的金融中心。18 世纪后期，全球金融中心逐渐转移到伦敦。到了 19 世纪后期，全球的国际投资活动主要是以伦敦为中心展开的。到了 20 世纪，纽约崛起并取代伦敦成为全球金融中心。今天全球的国际投资是多中心的。纽约、伦敦、法兰克福、东京、新加坡市、香港、上海等都是全球国际投资的中心。

当今全球的国际投资达到了什么样的规模呢？截至 2021 年底，美国的国际投资总额已经达到惊人的 35.21 万亿美元。美国的国际投资包括多种形式，有投资企业或工厂的直接投资，也有投资股票、债券等各种金融产品的金融投资。其他国家在美国的投资也包括直接投资和金融投资，截至 2021 年底，投资总额高达 53.31 万亿美元左右。比如，世界上很多国家都会大量投资美国国债，截至 2022 年，美国国债规模已经超过 31 万亿美元，中国和日本持有的美国国债都在 1 万亿美元左右。美国是世界第一大经济体，同时也是世界上对外投资最多的国家和对外输出资本最多的国家。过去半个多世纪以来，美国几乎每年都是吸引外资最多的国家。当今的国际投资具有很多种方式，比如，中国公司到美国纳斯达克证券交易所和纽约证券交易所上市就是国际投资的一种形式，同时也是吸引外资的一种方式。

英国的国际投资规模也不小。截至 2021 年，英国的经济规模已经远远小于美国、中国、日本和德国，但是它的国际投资总额依然相当可观，约为 1.3 万亿英镑。

日本也是善于进行国际投资的国家。在 20 世纪 80 年代以后，日本开始进行大规模的国际投资，其规模早已超过 10 万亿美元。有人说，日本借助大规模国际投资，在海外再造了一个日本，因为日本 GDP 只有几万亿美元，但它的国际投资却超过了 10 万亿美元，差不多是日本国内 GDP 的一倍。美国和英国也是如此，国际投资规模巨大，相当于再造了一个国家。

随着经济的快速增长，20 世纪 90 年代，中国开始进行国际投资。不过，中国的国际投资历史还比较短，规模也比较小。

国际投资是现在全球化进程中一个极其重要的方面，我们今天反对保护主义，不仅要反对贸易保护主义，还要反对投资保护主义。美国政府这些年不断对到美国投资的中国企业设置很多限制，这就是投资保护主义的一种具体表现。

全球经济金融开放融合的第三个轮子是跨国科技交流，其实现方式有多种。其中，国际货物贸易本身就是国际科技交流的一种方式，购买海外货物也是获得技术的一种间接手段——国际贸易必然同时带来技术上的交流。国际投资本身也意味着技术的交流和融合。国际投资的对象本身就包含各种技术。另外，技术，包括各种专利的买卖或转让，也是跨国科技交流的一种方式。

与此紧密相关的，是全球经济金融开放融合的第四个轮子，即跨国人才流动，尤其是优秀人才的流动，包括移民。如今，人才流动，尤其是优秀人才的流动已经日益频繁和重要。各国之间争夺的焦点就是人才，特别是最优秀的人才。很多国家，比如美国，有很多吸引海外优秀人才的政策，包括给予优秀人才移民、签证的便利，吸引全球优秀学生到美国的大学就读，吸引全球优秀人才到美国企业工作，等等。全球顶级公司为吸引优秀人才则更是高招频出。比如，前几年华为宣布以最高 200 万元人民币的年薪待遇，在全世界招揽大学生中的佼佼者。可以说，争夺全球最优秀人才，是跨国科技巨头确保全球竞争优势的核心战略。

上述四个轮子背后的主要推手是跨国公司。根据不完全统计，跨国公司主导了全球贸易的 2/3、全球跨国投资的 4/5、全球科技转让的 2/3 和全球人才流动的超 1/2。因此，全球的贸易、投资、技术转让和人才流动基本上由跨国公司主导。跨国投资和跨国公司对于全球经济金融至关重要，对于每个国家的金融和经济也非常重要。美国、日本、德国、英国等发达经济体有很多全球知名的跨国公司。美国《财富》杂志每年评选的世界 500 强公司中，多数都是跨国公司。因为跨国公司都是某个行业或领域的头部公司或支柱公司。

回顾历史，我们可以深刻体会到邓小平 1978 年开启中国改革开放的伟大智慧。邓小平当年深刻地认识到，中国要发展经济，要实现国家强大和人民生活富裕，仅仅靠我们自己不行，必须打开国门，对外开放，只有这样，才能吸引全世界的资金、科技和人才，共同助力中国的经济增长和社会发展。邓小平是一位伟大的战略家、政治家，他拥有远见卓识和高超智慧。对外开放对任何国家的富裕强大都是最重要的前提条件，相反，闭关锁国必然导致落后和衰败，这是人类历史教给我们的最重要的经验，也是最惨痛的教训。

跨国公司：开放经济的急先锋

现在，我们来谈一谈跨国公司对全球经济金融开放融合的重要性。客观来说，跨国公司是全球经济金融开放融合的急先锋、发动机和生力军。

关于跨国公司，经济学里有一个基本定义：跨国公司是业务、收入和利润超过30%来自本土以外的市场的公司。但这些指标不是绝对的，业务、收入和利润往往也不是同比例增长或者同比例来自一个市场。总之，跨国公司的本质就是以全球市场为自己的目标市场，以争夺和主导全球市场为自己的战略目标。跨国公司的股东往往也是全球性的，因为很多跨国公司都是到全球最重要的金融中心，比如纽约、伦敦、香港、新加坡等去上市融资。

跨国公司对于世界经济的增长发挥着举足轻重的作用。很多行业都有跨国公司，不仅科技和制造行业有很多著名的跨国公司，银行和金融行业也有很多跨国金融巨头，如花旗银行、摩根大通、高盛集团、汇丰银行、渣打银行、德意志银行、荷兰银行等，同样，服务业的著名跨国巨头有会计审计行业的“四大”，即普华永道、德勤、毕马威和安永，信用评级服务行业的“三大”，即穆迪投资、标准普尔和惠誉国际。有人研究发现，在很多行业，全球性跨国公司所占市场份额均超过60%，甚至接近100%。举例如下：

- 传统汽车业：德国的大众、奔驰、宝马；美国的通用、福特、克莱斯勒；日本的丰田、本田、日产；韩国的现代；英国的劳斯莱斯。
- 电动汽车：美国的特斯拉。
- 石油行业：壳牌、埃克森美孚、雪佛龙、沙特阿美、阿布扎比国家石油公司、英国石油、道达尔、俄罗斯天然气工业、中国的“三桶油”（中石油、中石化、中海油）。
- 家用电器：荷兰的飞利浦；日本的索尼、东芝、松下电器；中国的格力、海尔。
- 全球制药巨头：罗氏、诺华、艾伯维、百时美施贵宝、默沙东、赛诺菲、辉瑞、武田。
- 全球化工巨头：德国巴斯夫、美国陶氏、杜邦、LG化学、沙特基础工业、日本三菱化学。
- 飞机制造巨头：波音、空客。

- 全球电脑制造和组装巨头：联想、惠普、戴尔。
- 全球通信设备巨头：华为、爱立信、诺基亚。
- 全球软件巨头：微软、甲骨文。
- 全球芯片制造巨头：中国台湾地区的台积电、韩国的三星、美国的英特尔、高通、英伟达。
- 全球手机制造巨头：美国苹果、韩国三星、中国华为、小米、ViVo。
- 互联网电商：美国的亚马逊、中国的阿里巴巴。
- 互联网搜索引擎：美国的谷歌、中国的百度。
- 互联网社交媒体：美国的 Facebook、中国的腾讯和抖音。
- 全球投行巨头：高盛集团、摩根士丹利。
- 全球商业银行：摩根大通银行、花旗银行、汇丰银行、德意志银行、渣打银行。
- 全球资信评级服务：穆迪投资、标准普尔、惠誉。
- 全球会计师服务：普华永道、德勤、毕马威、安永。
- ……

近年来，进入世界 500 强榜单的中国公司越来越多，在数量上，中国已经接近美国，超过日本和德国。这固然值得自豪，但是中国进入世界 500 强榜单的很多公司都不是真正的跨国公司，如工商银行、中国农业银行、中国银行、中国建设银行和交通银行，它们早就进入世界 500 强，而且资产规模在全球银行前 10 名，但都不是真正的跨国银行。其他行业进入世界 500 强榜单的中国企业大体上也是如此，虽然在资产规模上已经很庞大，但在全球行业的影响力和支配力上算不上是跨国公司——这是我们必须要清醒认识到的一个事实。有人认为中国现在称得上跨国公司的实际上只有一家企业，也就是华为。这个说法可能有点极端，但也基本准确。即使是盈利状况非常好的腾讯和阿里巴巴，其主要业务也是在中国，尽管它们也有海外业务。华为公司拥有庞大的海外市场，其海外收入和利润曾经超过它全部收入和利润的 60%。华为 50% 左右的员工是海外员工，其研究所遍布世界许多国家，业务覆盖全球 170 多个国家，是一家名副其实的全球顶级跨国公司。在遭到美国的无理制裁之后，华为的海外业务受到一定影响，但占比依然不低。总体来说，中国企业要成为真正主导全球行业的巨头、领导行业发展方向的全球领袖级企业，还需要付出巨大努力，任重而道远。成为巨头的关键，是必须具有全球领先地位的核心技术，且该技术具有全球垄断地位。绝大多数科技行业和制造业的全球巨头都是本领域的技术垄断者和创新引领者。

从全球范围和大历史观角度来看，跨国公司并不是一种新现象。人类最早的公司就是跨国公司，这是一件很有意思的事情。公司这种经济组织是人类经济史上的新生事物，到现在算起来也不过400多年的历史。世界上最早的公司出现在16世纪后期17世纪初期，由英国、荷兰、法国等老牌帝国主义国家创立。其中，最著名的是荷兰东印度公司、英国东印度公司、法国密西西比公司、英国南海公司。这四家公司的成立时间分别是1602年、1600年、1717年、1710年。上述国家政府创办这些公司的目的和今天的普通公司不一样，这些公司都被国王授予了特许经营权，是一种为了特殊目的而创办的政府机构，其使命不是我们今天所说的正常生意，而是进行跨国贸易和殖民掠夺，包括疯狂的侵略、血腥的屠杀，以及臭名昭著的奴隶贸易。这些公司到非洲捕猎奴隶，然后将奴隶转卖到南美洲和北美洲，去种植园做苦力，为他们的主人做种烟草、种甘蔗等苦力活——这是人类历史上最血腥最可耻的一页。

这些拥有特许经营权的公司享有各种特权，包括垄断贸易、垄断资源开发、贵金属掠夺、奴隶贸易，它们甚至还拥有自己的军队或武装力量，能够在所占领的殖民地行使国家的权力。比如，主要殖民地在亚洲的荷兰东印度公司，它曾经在全世界拥有很多殖民地，今天的印度尼西亚、中国台湾，曾经有一段时间就是荷兰东印度公司的殖民地。荷兰东印度公司的殖民地还包括孟加拉国和印度的一部分。英国东印度公司更是“了不得”：为了争夺殖民地，它与荷兰东印度公司在世界各地展开激烈的竞争。1840年的鸦片战争就是英国东印度公司挑起来的。这些臭名昭著的公司一开始就是跨国公司，是真正的全球性公司，只不过这种全球性公司与我们今天所理解的公司完全不同。这些公司一开始就是把贸易、投资和殖民掠夺、殖民侵略、殖民占领联系在一起，将国家意志或者国王意志和商人的利益紧紧捆绑在一起。明治维新以后，日本也开始学习西方老牌资本主义国家殖民的经验，希望能做到全球殖民，但是，日本最终以惨败收场。

这些特许经营公司的名声并不好，血腥的掠夺、殖民的侵略、武力的占领，给殖民地人民带来深重的灾难和巨大的损失。但是，客观上这些公司确实也推动了全球经济的开放融合，推动了全球经济的一体化——这不是这些公司的本意，不是它们的初衷，更不是它们的初心，只是客观上造成的结果。

今天世界政治经济金融形势已发生了天翻地覆的变化，如今的跨国公司已经不是那些从事殖民掠夺的特许公司。无论是苹果、谷歌、微软、亚马逊、英特尔，还是波音、华为等，都是依靠先进和原创的科技，为全世界的客户提供服务。应该说，今天的跨国公司为人类的福祉和全球经济增长做出了巨大的贡献。比如，华为云计划于 2022 年底覆盖 170 多个国家和地区，如果没有华提供的通信基础设施，一些国家可能无法享受现代通信服务。

跨国公司是今天全球经济最重要的推动者和贡献者之一，也是人类文明进步最重要的贡献者之一。跨国公司崛起的巨大影响，是非常值得经济学者深入研究的。

一个开放的全球经济如何治理

蒙代尔和美联储前主席沃尔克是志同道合的好朋友，两人都是 20 世纪国际货币领域的传奇人物。蒙代尔是现代宏观经济学的奠基人，他提出的蒙代尔－弗莱明模型是当代经济学教科书的标准模型。蒙代尔 1961 年写的文章《最优货币区理论》（*Optimal Currency Areas*）为欧元奠定了理论基础，所以他被尊称为“欧元之父”。蒙代尔在经济学多个领域的开创性贡献，为他赢得了 1999 年诺贝尔经济学奖。

如果说蒙代尔是国际货币领域的理论天才，那么沃尔克则是国际货币领域的实操大师。沃尔克长期担任美国政府高官职务，是 20 世纪 60—70 年代负责美国金融货币外交谈判的首要人物。20 世纪 70 年代，美国经济深陷滞胀深渊，民众痛苦不堪。沃尔克临危受命，出任美联储主席。上台伊始，他就采取铁腕措施，将美国基准利率，即联邦基金利率，大幅提升到罕见的 20%。美国经济立刻陷入衰退，民众抱怨和骂声一片，但沃尔克不为所动。在经历两个季度痛苦的经济衰退之后，人们终于驯服了通货膨胀这头“怪兽”，这为美国经济 20 世纪 80 年代的奇迹般增长奠定了坚实基础，沃尔克因此赢得了史诗般的声望。

一位是理论天才，一位是实操大师，两人惺惺相惜，有很多共同的想法和观点，他们经常在一起切磋国际货币体系的改革措施和未来走向。从 1970 年开始，蒙代尔每年都在意大利北部的一个美丽小城锡耶纳举办著名的“神仙会”——国际货币圆桌会议，沃尔克是其常客。两位传奇人物和众多国际货币金融领域的奇才高手汇聚一堂，把酒言欢、高谈阔论，好不快哉！我曾经多次应邀到锡耶纳参加蒙代尔的“神仙会”，且作打油诗一首：

世外桃源何处寻，锡耶城外林深深。
松槐庄严迎宾客，鸟儿欢笑唱丽音。
羊马猫狗成佳趣，老少男女俱童心。
年年古堡设高坛，四海英雄抒豪情。

蒙代尔和沃尔克两人有一个共识，那就是一个真正的全球经济需要一种真正的全球货币，而一种真正的全球货币则需要一个真正的全球中央银行。蒙代尔和沃尔克晚年的大部分时间都在阐释和宣传他们的这个共识。与此同时，两人还认为黄金应该在国际货币体系中发挥更大作用。简而言之，他们对 1971 年布雷顿森林体系崩溃后的国际货币体系很不满意，他们认为自由浮动汇率制度对人类经济的长期增长有害无益。

全球货币和全球中央银行的想法听起来似乎是根本不可能实现的奇思妙想，但随着全球经济不断开放融合，今天人类在很大程度上已经生活在一个“地球村”了。一个高度融合的全球经济金融体系，如果没有全球货币和全球中央银行来管理和调控，宏观经济政策靠各国的自行其是，各方缺乏基本的协调和配合，就免不了发生麻烦和危机。各国之间经常出现的贸易战和货币金融战，以及各种各样的贸易保护主义和投资保护主义等，都是对全球经济稳定增长的巨大威胁。

当然，人类的进步总是一个渐进的过程。19 世纪以前，全球经济相互融合的程度还不够深入，尽管自哥伦布发现新大陆以后，世界贸易开始迅速增长，特别是第一次工业革命和第二次工业革命以后，国际贸易和投资的发展更是日新月异，但是总体而言，全球经济相互融合的程度仍不够高。19 世纪到 20 世纪中叶，全球经济金融体系基本上是自由放任的状态，各国相互竞争甚至相互掠夺，殖民主义、帝国主义、保护主义、民族主义、种族主义等，是很多国家尤其是欧美列强的主流意识形态，以欧美列强为代表的帝国主义国家利用它们强大的经济金融货币和军事实力，疯狂向全球扩张，疯狂掠夺和抢占殖民地，给很多欠发达国家带来深重的灾难。两次世界大战在本质上就是帝国主义列强为瓜分世界势力范围而发动的战争，这是不容忽视和不容忘记的历史事实。可以说，瓜分殖民地，就是瓜分全球市场，就是为本国的产品寻找销售出路，同时抢占殖民地国家的丰富自然资源。因此，第二次世界大战之前的国家经济、贸易和金融基本上是没有秩序的，如果非要说有一个秩序，那这个秩序就是弱肉强食。需要说明的是，当时国际间的合约是存在的，也发挥了重要作用。

英籍匈牙利哲学家、政治经济学家卡尔·波兰尼（Karl Polanyi）在其著作《大转型：我们时代的政治与经济起源》中表示，19 世纪的世界秩序基于四大支柱，分别是权力均衡学说、民族国家理念、自由放任经济政策理念和国际金本位制。前两者属于政治领域，后两者属于经济领域。权力均衡学说认为，权力均衡主要通过国与国之间的各种国际条约和军事实力实现，民族国家理念则意味着每个国家都有自己独特的利益和主权权利，民族国家的主权和利益必须通过维持权力均衡来保障，否则一个小的国家会很容易被大国吞并和瓜分。欧洲经常出现这种情况：大国恃强凌弱，小国任人宰割。自由放任经济政策理念就是，国家不干预经济主体或企业的经营活动，完全放任那一只“看不见的手”来自由调节。维持国际金本位制，则是各国能够实施自由放任经济政策的基本保障。国际金本位制要确保各国货币金融体系的总体稳定，而维持国际金本位制正常运转的基本前提则是稳健的财政政策，各国最好能确保财政收支基本平衡。

所以，在第二次世界大战之前，可以说全球经济、贸易、货币和金融没有任何实质性的治理架构和治理措施。第二次世界大战从根本上改变了这一点。今天我们谈论的全球经济、贸易、货币和金融政策的协调配合等理念，以及全球化的治理和协调，其实都是从第二次世界大战之后才开始出现的。

那么，第二次世界大战到底是如何爆发的？历史学家对此说法不一，但有一种说法是公认的，那就是第一次世界大战之后的国际经济、贸易和金融完全失序，从而导致了第二次世界大战的爆发。第一次世界大战之后，《凡尔赛和约》的不公和失败、20 世纪 20 年代德国恶性通货膨胀、英国恢复金本位制并遭遇失败、美国华尔街股票市场狂飙和最终崩盘等重大事件，直接导致了德国和其他一些国家的纳粹主义和极端民族主义的迅猛抬头。20 世纪 30 年代的大萧条更是严重恶化了本来已经非常混乱的国际经济和金融秩序——实际上早就没有秩序可言。1931 年 9 月，英国被迫放弃金本位制，随即引发全球金融动荡的多米诺骨牌效应：除法国和美国之外，其他国家都纷纷被迫抛弃金本位制，各国开始打金融战，尤其是汇率战——竞争性汇率暴跌。美国股市崩盘引爆全球金融危机，大批银行和企业破产，失业率飙升到史无前例的水平。1932 年，英国曾经倡议各国到伦敦召开世界经济大会，商谈如何稳定全球货币金融以及如何尽快恢复全球经济，但是美国罗斯福总统断然拒绝参加，于是会议未举办。希特勒正是抓住德国金融危机和经济衰退所创造的契机而迅速登上政治舞台的，他攫取德国最高权力，实施了近乎极端的国家经济管制，短时间内实现了彻底的充分就业，令世界瞠目结舌。希特勒还撕毁了《凡尔赛和约》，大规模扩军备战，令世界大战的爆发在所难免。

第二次世界大战爆发之后，世界上一些有识之士，尤其是以凯恩斯为代表的英美有识之士开始认识到，第二次世界大战之所以爆发，一个重要原因就是全球经济金融缺乏最基本的秩序和治理结构。各国之间恶性竞争导致的贸易战、货币金融战、以邻为壑的竞争性汇率贬值、各种各样的关税壁垒和贸易保护主义等，都是导致世界秩序混乱和世界大战的深层次原因。所以，以凯恩斯为代表的英美有识之士决心为战后的世界经济和金融确立一个基本的秩序。

与此同时，以美国总统罗斯福为代表的美国政治家深知第二次世界大战给美国提供了一个千载难逢的机会，那就是以美国的价值理念为核心来重塑世界秩序。早在美国正式对法西斯国家宣战之前，罗斯福就指示其幕僚和顾问开始筹划战后世界的政治和经济秩序。美国凭借强大的经济和军事实力成为同盟国无可争议的领袖。在美国正式对法西斯国家宣战之后仅仅 4 年时间，同盟国就战胜了法西斯轴心国，世界发生了天翻地覆的巨变。

以《大西洋宪章》为基础建立的联合国，成为第二次世界大战之后维持国际政治秩序的一个基本治理组织。布雷顿森林体系则确立了战后的国际货币和金融秩序。《关税及贸易总协定》则确立了战后国际贸易的基本准则和基本秩序。

我们在前面的章节里已经谈过布雷顿森林体系的基本规则，那就是成员国货币以固定汇率与美元挂钩，美元则以固定比例和黄金挂钩，亦即所谓的双挂钩体系。双挂钩体系确立了战后国际货币金融体系的基本秩序，对第二次世界大战之后世界经济的迅速恢复，发挥了不可估量的巨大作用。《关税及贸易总协定》的基本理念就是自由贸易，各国相互之间要尽可能降低关税和消除贸易壁垒。《关税及贸易总协定》是人类历史上第一个真正的多边贸易规则体系，直接促进了战后世界贸易的飞速发展。《关税及贸易总协定》后来演变成为 WTO。

另外，作为第二次世界大战时期同盟国的重要成员，中国也是战后世界秩序构建的主要参与者，并成为联合国安理会常任理事国。中国还曾经组建庞大的代表团参加了创建布雷顿森林体系的布雷顿森林会议，代表团的人员规模仅次于美国，代表团团长是当时中国国民政府的财政部长兼中央银行行长孔祥熙。

如今，距第二次世界大战结束已近 80 年，世界经济金融发生了异常深刻的变化，第二次世界大战之后确立的全球经济、贸易、金融和货币秩序，以及其治理架构已经显得不合时宜。2008 年金融海啸之后，各种贸易和投资保护主义、逆全球化浪潮、各种形态的贸易战风起云涌，人类经济、贸易、货币和金融秩序面临严峻挑战，何去何从，需要有识之士群策群力，更需要有高瞻远瞩的政治家通力合作。

开放经济的基本理论：蒙代尔“不可能三角”理论

全球经济既要开放，又要有秩序，现在，我们来谈一谈开放经济的基本理论。

2016 年，英国《经济学人》杂志评选出 20 世纪以来最负盛名的经济学原创思想，并分别以专文推介。该杂志共评选出六个最重要同时也最著名的经济学原创思想，包括斯托尔珀－萨缪尔森定理、阿罗不可能定理、纳什均衡、科斯定理、蒙代尔“不可能三角”原理等。其中，蒙代尔“不可能三角”原理是当代开放经济宏观经济学的中流砥柱，是全球所有经济学者分析开放经济条件下的宏观经济趋势及其政策的必备工具，同时也是所有中央银行和财政部官员必备的分析工具。

我到哥伦比亚大学读书期间结识了蒙代尔，并很快将其视为良师益友。那段时间，我时常向这位不世出的经济学天才请教——那是我一生难以忘怀和弥足珍贵的幸事。通过这种交流，我所学到的，比我从课堂和书本中学到的还要多。在私下谈话时，蒙代尔会直言不讳地讲述他对经济学的看法和对一些大名鼎鼎的经济学家的评价。比如，蒙代尔对当代美国和世界经济学的过度数学化就很不满意，但是在课堂上他不会详细讲解经济学高度数学化的弊端，也不会袒露他自己偏爱的经济学研究方法，更不会直言不讳地评价那些名垂青史的经济学大师。但是在私下谈话时，他会娓娓道来，令人醍醐灌顶，那真是一种非常奇妙的感受。

我记得，蒙代尔对萨缪尔森和弗里德曼的评价就令人茅塞顿开。萨缪尔森是 20 世纪美国最重要和最著名的经济学家之一，也是美国第一个荣获诺贝尔经济学奖的经济学家。凡学过经济学的人，没有人不知道萨缪尔森，而且多数人都曾经拜读过他那本风靡世界的教科书《经济学》。更为重要的是，萨缪尔森有超过七个学生先后荣获诺贝尔经济学奖，其中就包括蒙代尔。

萨缪尔森是蒙代尔的授业恩师。蒙代尔当年在麻省理工学院攻读经济学博士学位时，其论文指导老师就是萨缪尔森。2003年，我翻译出版六卷本《蒙代尔经济学文集》后，蒙代尔曾郑重建议我翻译萨缪尔森的经济学文集。要知道，萨缪尔森的学生先后为他编辑出版过皇皇5大卷的文集，每一卷都在1 000页以上。后来我和蒙代尔反复商讨，选择了萨缪尔森最重要的60篇文章，准备也分为6卷出版。蒙代尔亲自给萨缪尔森写信询问版权事宜，萨缪尔森也回信表示，版权没有问题。但是后来我还是放弃了，因为翻译工作太费时费力了。这固然是一个遗憾，但是，在这一过程中，蒙代尔多次和我谈到萨缪尔森。蒙代尔对我说，他的恩师是20世纪经济学界构建数学模型的第一高手，但是并没有真正的“横扫一切的原创思想”（sweeping ideas）。我听到他说这番话时，有一种触电的感觉，顿时觉得天地一开。因为在大多数经济学者的心目中，萨缪尔森是神一样的存在。蒙代尔能对他的恩师做出如此客观和不同凡俗的评价，实际上就是在教育我们后学晚辈不要盲目崇拜，要知道经济学中最重要的是什么。

蒙代尔教授还向我详细谈过他对其他经济学大师，包括弗里德曼、科斯、奈特、凯恩斯、熊彼特、费雪、古诺、马克思、亚当·斯密等的评价。他真正重视的是那些有原创思想的经济学家，如亚当·斯密、古诺、费雪、熊彼特、凯恩斯等。他尤其推崇他在芝加哥大学的两位同事——奈特和科斯，认为他们是20世纪非常重要的经济思想家。他对19世纪法国著名的经济学家兼哲学家古诺也推崇备至。

言归正传，蒙代尔“不可能三角”理论正是蒙代尔教授强调和欣赏的“横扫一切的原创思想”，所以它成为过去数十年国际经济学的标准模型，成为所有人分析开放经济的标准工具。蒙代尔“不可能三角”理论的基础就是大名鼎鼎的蒙代尔－弗莱明模型，这个理论模型是蒙代尔20多岁的时候在一系列经典论文里提取出来的。

简单来说，蒙代尔“不可能三角”理论认为，一个经济开放的国家或地区，其货币政策有三个目标：第一是汇率稳定，这是很多国家和地区的中央银行所追求的政策目标；第二是资本自由流动，也就是外国投资者能够自由到本国或本地区投资，本国或本地区的投资者也能够自由地到海外投资；第三是货币政策独立，也就是本国或本地区的中央银行能够自主、独立地实施货币政策，比如加息和降息等。以上三个目标都非常重要，是很多中央银行希望拥有或追求的政策目标。然而，鱼和熊掌不可兼得。蒙代尔“不可能三角”理论以严格的经济学逻辑证明，对于一个开放的经济体系，任何中央银行必须做出抉择，也就是说三个目标中只能选其二，不可能同时实现三个目标。

以中国香港为例。香港是世界上最开放、最自由的经济体之一，支撑香港货币金融体系和国际金融中心的中流砥柱就是港币的联系汇率制度。如前文所说，联系汇率制度就是港币实施与美元挂钩的固定汇率——1 美元兑换 7.8 港币。根据蒙代尔“不可能三角”理论，既然香港港币实施固定汇率，那么就必须在另外两个目标选项——资本自由流动和货币政策独立中放弃一个。香港是最自由、最开放的经济体之一，资本必须自由流动，所以香港地区就没有独立货币政策。

如果一个国家或地区特别看重货币政策的独立性，那么它就必须在资本自由流动和汇率稳定之间放弃一个。通常而言，很多经济充分开放的国家会放弃汇率稳定，即放弃固定汇率，选择汇率浮动。这也是今天世界上绝大多数国家做出的选择。

一个国家的中央银行也可以选择汇率稳定和货币政策独立作为政策目标，放弃资本自由流动，也就是实施资本管制。世界上很多国家都曾经采取过这样的政策。在布雷顿森林体系创建后的几十年时间里，所有成员国或地区都长期实行固定汇率和资本账户管制或者限制资本自由流动。也就是说，投资者很难自由进行海外投资，外国投资者到本国投资也有严格限制。

改革开放之前，中国基本上是一个完全封闭的经济体，对外贸易极少，对外投资和金融完全没有。改革开放以来的很长时间里，中国实行的是固定汇率，即人民币和美元固定汇率，同时实施资本账户管制。1994 年之前，连贸易账户或经常账户也是在严格管制下的，也就是说，当从事对外贸易的公司需要外币资金（主要是美元）的时候，也需要经外汇管理部门审批。1994 年之后，中国的贸易账户或经常账户才逐渐放开，实现自由兑换；然而资本账户，也就是海内外投资往来账户，依然继续实施管制。迄今为止，中国的资本账户也没有完全实现自由兑换。比如，中国公司要到海外进行收购兼并和直接投资，所需外币资金（主要也是美元）也是要经过审批和核准的。2005 年中国实施外汇管理体制的改革，人民币不再实施和美元的固定汇率，逐渐形成有管理的浮动汇率，资本账户的开放和人民币的国际化也逐渐成为中国努力实现的目标。过去 10 多年来，人民币国际化取得了重要进展。

以上这些重要的历史事实以及未来国际货币体系的变化，都可以用蒙代尔“不可能三角”理论进行分析。但是，“不可能三角”理论的三个目标选项也不是绝对的。正如经济学中的大多数概念一样，这三个目标选项也没有完全精准的定义。蒙代尔自己也说过，对于金融市场次发达的国家，蒙代尔“不可能三角”理论的适用性存在一定的局限。这也是一切经济学原理的共性。

这个世界会好吗

前文说了关于经济学的各种问题，很多读者朋友可能会对经济学的研究意义，甚至是全球经济的未来产生担忧。那么在本书的最后，我们就借用哲学家梁漱溟先生晚年口述著作的书名——《这个世界会好吗？》，来谈一谈未来全球经济金融局势会怎样变化。

我多次说过，人类经济体系就像人体生命体系一样，本质上是不可预测的。相关的例子俯拾皆是。我常常举的例子是 2016 年特朗普当选美国总统和 2020 年初新冠肺炎疫情席卷全球这两起事件。

特朗普是美国政坛历史上的一匹黑马，很多人甚至大多数人没有预料到这个从来没有从政经历的商人能够异军突起，入主白宫。更没有人能够预测到特朗普入主白宫之后，内政外交皆不按常理出牌，并将自己的贸易保护主义理念发挥到极致，先后针对多国，包括美国自己的盟国，发动贸易战或挑起贸易摩擦，更是针对中国挑起大规模贸易摩擦。客观地说，特朗普针对很多国家展开的贸易战或贸易摩擦，严重影响了全球经济的复苏和增长，针对中国的大规模贸易摩擦不仅对中美经济造成很大损害，还成为中美关系的转折点。特朗普成为“逆全球化浪潮”的代表人物，特朗普政府的贸易和投资保护主义是 2016 年后影响全球经济增长的重要因素。可是，2016 年之前，又有多少经济学者能够预测到特朗普上台执政而且大肆推行贸易保护主义政策呢？

再谈谈新冠肺炎疫情。2019 年底和 2020 年初，全球众多经济金融机构和经济学者纷纷发布了对 2020 年的宏观经济预测，各种长篇大论，煞有介事。但新冠肺炎疫情彻底打乱了全球经济金融的正常节奏，很多国家和地区的经济活动几乎陷于停摆，全球产业链和供应链瞬间遭到重创。经济学者之前的一切预测皆化为泡影。疫情暴发之后，又有很多经济学者忙不迭地修改预测，说疫情最多三个月或者半年就会烟消云散。但是谁能想到，新冠肺炎疫情竟然持续蔓延超过两年？就在我写下这些文字的时候，新冠肺炎疫情依然在全球肆虐。至今，疫情究竟何时真正结束，没有任何人敢给出 100% 的准确判断。

实际上，多年以来，经济学者为预测经济趋势做出了巨大努力，付出了无尽心血，为我们深刻认识人类经济活动的本质提供了极为丰富的启示。芝加哥大学经济学教授奈特对经济学最主要的贡献就是区分了风险和不确定性，他的博士学位论文《风险、不确定性与利润》出版之后很快成为经典著作，至今仍然是经济学学子的必读书。奈特认为人类经济事件可以区分为风险事件和不确定性事件。风险事件的发生是可以计算概率的，也就是说风险事件的发生存在概率分布，比如飞机和汽车事故的发生大体上可以计算出这个概率，如果能够计算出概率，那么就可以通过购买保险来回避或分散风险，这就是保险这个金融行业的基本逻辑。如果一个事件的发生连概率都无法计算，那么人们也就无法设计保险产品，比如2020年新冠肺炎疫情的暴发及蔓延就是一种典型的不确定性事件，因为这种事件并不是经常发生，没有概率可言。特朗普意外当选美国总统，应该也算是不确定性事件。

后来人们又发明了一个词“黑天鹅事件”来形容不确定性事件。黑天鹅事件的出现概率无法计算。正是因为人类经济社会经常会遭受黑天鹅事件的冲击，所以要准确预测经济趋势就不是那么容易或者根本不可能。我前面已经讲过，尽管我们无法精准预测经济趋势，但是我们还是要预测，因为我们的行为和决策是面向未来的，我们需要为未来规划或设想一个方向。预测经济趋势不是因为我们能够准确预测，而是因为我们需要根据预测来规划未来。

说我们不能精准或准确预测经济趋势，绝不意味着我们不能对人类经济的未来做出一些基本的判断。我们学习经济学、掌握基本的经济规律、研究人类经济演变发展的历史，一个基本目的就是给我们以信心，让我们对人类的未来有一个基本的判断，从而能够使我们对生活有更坚定的信心，能够让我们站得高一点、看得远一点，人生理想和追求可以更宏伟一点。

回过头来，我们再看本节开头提出的那个问题——“这个世界会好吗？”具体到经济学，这个问题就转变为人类经济究竟是应更加开放、更加全球化，还是应日益封闭和逆全球化。支持或反对全球化的人都可以找到很多证据和理由。

对全球化悲观的证据俯拾皆是。2008 年金融海啸是一个里程碑事件，危机的爆发引爆了很多人对全球化的忧心和疑虑，甚至是根本的反感。越来越多的美国人、欧洲人以及发展中国家的人们相信全球化有害无益——全球化抢走了他们的饭碗，剥夺了他们的就业机会，加剧了收入差距和贫富分化，恶化了全球环境。诺贝尔经济学奖得主斯蒂格利茨教授在其著作《全球化及其不满》中系统地阐述了为什么越来越多的人对全球化不满。这本著作很快跃居美国大学生必读书前十名榜单，并且被翻译为多国文字出版——可见“全球化及其不满”确实是很多人关心的大问题。

美国尤其如此。人们通常都会认为美国肯定是全球化的最大受益者，美国那些全球市值最高的公司，如苹果、谷歌、微软、特斯拉、亚马逊、Facebook、高通、英特尔等都是全球化跨国公司，如果没有全球化市场，没有全球产业链的支撑，这些公司怎么可能成为全球最赚钱的公司和市值最高的公司呢？亚洲，尤其中国，就是苹果、特斯拉、高通、英特尔、波音等公司的最大客源地或市场。2021 年，美国和中国的年度贸易额已经超过 7000 亿美元。到美国本土的百货超市，如梅西百货和沃尔玛超市去看看，你就会发现里面至少 60% 的货物是“外国制造”，而不是“美国制造”，其中“中国制造”又占据了很大比例。

美国记者萨拉·邦焦尔尼（Sara Bongiorni）曾下决心在一年时间里不购买任何中国生产的产品，不管需要购买什么产品，她都要努力寻找非中国生产的，花多少时间也在所不惜。结果在一年时间里她遇到了很多困难，还发生许多令人啼笑皆非的事情。后来她就将自己在一年时间努力购买非中国制造产品的经历写成一本书，即《离开中国制造的一年：一个美国家庭的生活历险》，以说明今天美国人的日常生活离开了“中国制造”会有多么麻烦，成本会有多高。这本书生动有趣地说明了，中美经济融合程度已经非常高。中国人今天使用的产品和服务，也是越来越多地来自海外市场，来自海外企业和技术的合作。

既然如此，美国人应该是衷心欢迎和拥抱全球化，但事实却恰恰相反，现在越来越多的美国人反对全球化。原因很简单，因为全球化的收益或利益的分配并不平均和公正。全球化最大的受益者是硅谷那些巨无霸公司和华尔街那些驰骋全球的金融巨头，而那些传统行业的美国工人却没有得到什么好处，反而成为受害者。由于全球化产业分工的日益深化，很多传统产业从美国转移到了其他新兴市场国家，导致传统行业出现大量失业者，部分工人的工资长时期也没有得到增长。美国一些经济学者估计，美国制造业工人的工资几十年都没有实质性增长，或者增速极低。很自然地，这些美国人认为全球化抢走了他们的饭碗，剥夺了他们工资和收入增长的机会，于是对全球化产生了极大不满。这就是 2008 年金融海啸之后出现“占领华尔街”运动的直接原因。在“占领华尔街”运动中，美国普通民众表达了对华尔街金融投机的愤怒，同时也表达了对全球化的愤怒。好几次 G20 会议召开时，都有很多欧美人到会场去抗议全球化。

2016 年，特朗普能异军突起当选美国总统，正是因为他高举反对全球化的旗帜、高举美国优先的旗帜，扮演了美国“失落的人群”的代言人角色。他宣称要为普通美国人主持公道，要为他们找回工作的机会，为他们重新赢得尊严。上台伊始，特朗普就开始挥舞贸易保护主义和投资保护主义的大棒，针对多国发动贸易战或挑起贸易摩擦，他尤其针对中国挑起了史无前例的大规模贸易摩擦。很多人认为他是全球化的终结者，这是因为特朗普确实严重损害了全球自由贸易和多边贸易原则，也确实阻碍了全球化的进程，让全球化大踏步倒退。

虽然特朗普只担任了 4 年总统就下台了，但是取而代之的拜登政府并没有取消特朗普政府对中国产品加征的“惩罚性关税”。相反，美国政府针对中国企业的遏制和制裁措施不断加码。截至 2021 年底，美国已经将数百家中国企业列入所谓的“实体清单”并给予制裁。鼓噪中美脱钩的各种声音甚嚣尘上。以美国学者约翰·米尔斯海默（John Joseph Mearsheimer）为代表的一些“美国精英”，更是宣称与中国的经济、贸易和金融交流完全是错误的政策，主张美国应该和中国完全脱钩。显然，如果全球第一大经济体和第二大经济体完全脱钩或部分脱钩，那么全球产业链和产业分工体系将遭到沉重打击和严重扭曲，全球化进程将大幅度倒退。

暴发于 2020 年初的新冠肺炎疫情是全球化进程的又一次重大打击。新冠肺炎疫情几乎瞬间让大部分全球贸易和经济陷入停顿，并很快坠入衰退的深渊。2020 年大部分国家的经济都在衰退，衰退幅度仅次于 20 世纪 30 年代的大萧条，只有中国勉强维持增长。全球产业链受到疫情的猛烈冲击，各国人员往来基本停滞。为了控制疫情，很多国家和地区采取了封国或封区的策略。原本熙熙攘攘的“地球村”突然变成了一个个孤立的“部落”或“孤岛”。全球贸易和投资都跌落到史无前例的低水平。

2022 年初，俄乌战争的爆发更是令全球民众目瞪口呆。以美国和欧盟为首的多个国家和地区立刻对俄罗斯实施严厉的经济和金融制裁，制裁措施包括冻结俄罗斯中央银行的海外储备资产，冻结俄罗斯一些银行、企业和个人的海外资产，将俄罗斯部分银行排除在环球银行间金融通信协会（SWIFT）支付系统之外，国际主要信用评级公司将俄罗斯主权信用级别下调到垃圾级，禁止俄罗斯航班飞往欧洲和美国等。战争是不幸的事件，经济制裁同样是不幸的事件。如果美国和欧盟对俄罗斯的经济和金融制裁持续加码，那么将在很大程度上把俄罗斯从全球经济贸易和货币金融体系中孤立出去，这样不仅会给经济金融的全球化趋势造成严重阻碍，还会进一步恶化全球地缘政治安全局势。地缘政治安全局势的恶化必然又会进一步加剧全球化的倒退。在可以预见的将来，全球经济金融或许会分裂为几个相互遏制和制裁的集团——如果真的出现这种情形，那将是人类的大不幸。

当然，抛开这些事件，我们依然有理由对人类经济和金融的全球化满怀乐观。历史总是呈波浪式或螺旋式前进，从来都是前进几步之后就要后退一步，经过调整和反思之后继续前行。19 世纪的全球化浪潮被第一次世界大战和第二次世界大战彻底中断，第二次世界大战结束后全球又被冷战划分为两大阵营。实际上，在冷战结束之后，世界才迎来真正的全球化时代，但目前则又遇到了重大挫折和挑战。或许经过一段时间的调整之后，人类又会迎来一个全球经济、贸易、产业、金融和货币相互深度融合的新时代。

支持全球化的理由同样可以信手拈来。最主要的是，科学技术进步的滔滔洪流是谁也无法阻挡的。全球化的真正推动力量从来都是科学技术的进步。今日的世界，随着移动互联网、大数据、区块链、人工智能、元宇宙等先进科技和商业模式的深入而快速发展，任何一个国家都不可能完全闭关锁国，任何国家和地区都不可能完全隔绝外部世界的信息。越来越多的人都能认识到：唯有敞开胸怀、充分开放才能提升一个国家的经济增长潜力和国际竞争力，闭关锁国是没有出路的；唯有最大限度地吸引全球最优秀人才，才能推动国家的科学和技术进步；唯有纵横驰骋全球市场，才能创造出真正伟大的国际企业，才能提升国家的产业竞争力；唯有真正开放包容，才能建立真正具有国际竞争力的货币金融市场。

结语

经济学和人类的美好生活

我们研究经济学的终极目的，是希望为人类的美好生活贡献一点思想和智慧。致力于实现美好生活的经济学，本身也是美的科学。经济学之美就在于对人性美的洞察，就在于对人性本质的深刻认识。

凯恩斯在撰写他的传世名著《就业、利息和货币通论》时曾经有一个梦想，那就是人类终究有一天会彻底解决所有经济问题，也就是人类不再为就业、贫富、增长、衰退、萧条、危机等经济问题所困扰，人类的心思将主要或完全用于哲学思辨、科学发明和艺术创造，以及享受美好、舒适和温馨的生活。当时的凯恩斯预测英国在 100 年之后，即 21 世纪 30 年代，将实现这个美好的梦想。

现在看来，凯恩斯太乐观了，不仅他的祖国英国无法在 21 世纪 30 年代实现他这个乌托邦式的目标，就算是全世界人均 GDP 最高的国家，如瑞士、荷兰和德国等，在可见的将来也不可能完全解决所有的经济问题，其他国家就更不用说了。全人类未来最主要的挑战依然是如何促进经济增长，如何让大多数人摆脱贫困，实现小康和富裕的目标。

说来很有趣，历史上的经济学者多数都有某种乌托邦式的理想，凯恩斯并不特殊。比如，古典经济学派的一个基本学术命题是如何实现“最大多数人的最大幸福”，这同时也是古典经济学派追求的社会理想。从亚当·斯密、边沁、李嘉图，到西斯蒙第（Sismondi）、安东尼·奥古斯丁·库尔诺（Antoine Augustin Cournot）、让·巴蒂斯特·萨伊（Jean-Baptiste Say）、马歇尔等数代古典经济学者，都在努力证明人类社会有可能实现“最大多数人的最大幸福”，否则经济学就失去了自己的崇高使命。

凯恩斯的父亲老凯恩斯是剑桥大学经济学开山大师马歇尔的第一个学生。虽然天资远远比不上他绝顶聪明的儿子，他却被马歇尔寄予厚望。马歇尔希望他成为自己的衣钵传人——虽然后来传给了阿瑟·塞西尔·庇古（Arthur Cecil Pigou）。老凯恩斯唯一一本学术著作讨论的主题是所谓的规范经济学。规范经济学试图说明我们应该做什么才能实现“最大多数人的最大幸福”，这就是后来大行其道的福利经济学。经济学者绞尽脑汁发明出的福利经济学第一定理和第二定理，以及帕累托最优和帕累托改进等理念，本质上都是从追求“最大多数人的最大幸福”这个命题演变出来的。

空想社会主义思想家欧文、圣西门、傅里叶等人对马克思的社会理想影响极大。他们的基本理想就是创造一个人人平等的经济社会制度，消除收入差距和贫富悬殊。马克思被后人称为科学社会主义和共产主义的开创者，其实他的基本思想来源于欧文、圣西门和傅里叶等前辈。

按照熊彼特的研究，马克思首先形成了他的哲学思想和社会理想，也就是马克思的意识形态和世界观，然后再以经济学研究来证明和支持他的社会理想。马克思将资本主义经济制度看作一个剥削和被剥削的制度，将资本主义社会看作一个剥削者（资本家）和一个被剥削者（劳工）构成的二元世界。马克思认为，要构造一个没有剥削的经济社会，就必须消灭资本主义私有制，也就是“剥削者”。

前文已经提到，20 世纪 30 年代西方世界的大萧条和当时苏联的欣欣向荣形成鲜明对照，很多西方知识分子开始对资本主义制度（包括经济制度、政治制度和文化理念）丧失信心、感到绝望，其中就包括大家都熟悉的罗素和维特根斯坦。凯恩斯一度也对资本主义经济制度产生深刻的怀疑。20 世纪 30 年代和 40 年代，很多西方世界最优秀的知识分子都相信公有制和计划经济是人类理想的经济制度，他们用很复杂的数学模型证明计划经济不仅完全可行，而且优于自由竞争的市场经济。当时唯有奥地利学派的米塞斯和哈耶克毫不动摇，矢志不渝地捍卫自由市场经济以及个人自由的价值理念。米塞斯和哈耶克奋起反驳公有制和计划经济的那一套学说，在当时的西方学术界，几乎是孤军奋战。哈耶克的名著《通往奴役之路》就是当时的大论战所激发出来的著作，这本书很快成为经久不衰的经典，至今仍然是经济学者的必读书。

经济学者对理想经济制度和理想社会的追求和梦想，是值得尊重和赞赏的。从根本上说，人们思考经济问题，就是为了创造一个更加美好的社会，就是为了让每个人都过上幸福美好的生活。无论是研究如何促进经济增长、如何控制通货膨胀，还是研究如何调节收入分配、如何缩小贫富差距，都是为了实现这个基本目标。

简而言之，经济学是一门人学，经济学者所发现的一切规律其实是人性的规律和人性的本质。经济学者要为人类美好生活做出贡献，首先就要尊重人性，认真研究人性的基本需求和基本规律。理解了人性，也就理解了经济学。

未来，属于终身学习者

我这辈子遇到的聪明人（来自各行各业的聪明人）没有不每天阅读的——没有，一个都没有。巴菲特读书之多，我读书之多，可能会让你感到吃惊。孩子们都笑话我。他们觉得我是一本长了两条腿的书。

——查理·芒格

互联网改变了信息连接的方式；指数型技术在迅速颠覆着现有的商业世界；人工智能已经开始抢占人类的工作岗位……

未来，到底需要什么样的人才？

改变命运唯一的策略是你要变成终身学习者。未来世界将不再需要单一的技能型人才，而是需要具备完善的知识结构、极强逻辑思考力和高感知力的复合型人才。优秀的人往往通过阅读建立足够强大的抽象思维能力，获得异于众人的思考和整合能力。未来，将属于终身学习者！而阅读必定和终身学习形影不离。

很多人读书，追求的是干货，寻求的是立刻行之有效的解决方案。其实这是一种留在舒适区的阅读方法。在这个充满不确定性的年代，答案不会简单地出现在书里，因为生活根本就没有标准确切的答案，你也不能期望过去的经验能解决未来的问题。

而真正的阅读，应该在书中与智者同行思考，借他们的视角看到世界的多元性，提出比答案更重要的好问题，在不确定的时代中领先起跑。

湛庐阅读App：与最聪明的人共同进化

有人常常把成本支出的焦点放在书价上，把读完一本书当作阅读的终结。其实不然。

时间是读者付出的最大阅读成本

怎么读是读者面临的最大阅读障碍

“读书破万卷”不仅仅在“万”，更重要的是在“破”！

现在，我们构建了全新的“湛庐阅读”App。它将成为你“破万卷”的新居所。在这里：

- 不用考虑读什么，你可以便捷找到纸书、电子书、有声书和各种声音产品；
- 你可以学会怎么读，你将发现集泛读、通读、精读于一体的阅读解决方案；
- 你会与作者、译者、专家、推荐人和阅读教练相遇，他们是优质思想的发源地；
- 你会与优秀的读者和终身学习者为伍，他们对阅读和学习有着持久的热情和源源不绝的内驱力。

CHEERS

本书阅读资料包

给你便捷、高效、全面的阅读体验

本书参考资料

湛庐独家策划

- 参考文献
  为了环保、节约纸张，部分图书的参考文献以电子版方式提供
- 主题书单
  编辑精心推荐的延伸阅读书单，助你开启主题式阅读
- 图片资料
  提供部分图片的高清彩色原版大图，方便保存和分享

相关阅读服务

终身学习者必备

- 电子书
  便捷、高效，方便检索，易于携带，随时更新
- 有声书
  保护视力，随时随地，有温度、有情感地听本书
- 精读班
  2~4周，最懂这本书的人带你读完、读懂、读透这本好书
- 课　程
  课程权威专家给你开书单，带你快速浏览一个领域的知识概貌
- 讲　书
  30分钟，大咖给你讲本书，让你挑书不费劲

湛庐编辑为你独家呈现
助你更好获得书里和书外的思想和智慧，请扫码查收！

（阅读资料包的内容因书而异，最终以湛庐阅读App页面为准）

图书在版编目（C I P）数据

读透经济学的 8 对关键词 / 向松祚著． -- 北京：中国财政经济出版社，2022.12（2023.9重印）
ISBN　978-7-5223-1495-2

Ⅰ．①读…　Ⅱ．①向…　Ⅲ．①经济学一通俗读物　Ⅳ．① F0-49

中国版本图书馆 CIP 数据核字（2022）第 216077 号

责任编辑：郁东敏　　责任校对：胡永立
封面设计：ablackcover.com　　责任印制：张　健

读透经济学的 8 对关键词
DUTOU JINGJIXUE DE 8DUI GUANJIANCI

中国财政经济出版社 出版
URL：http://www.cfeph.cn
E-mail:cfeph@cfemg.cn

社址：北京市海淀区阜成路甲 28 号　　邮政编码：100142
营销中心电话：010-88191522
天猫网店：中国财政经济出版社旗舰店
网址：https://zgczjjcbs.tmall.com
天津中印联印务有限公司印装　　各地新华书店经销
成品尺寸：170mm×230mm　　16 开　　14.00 印张　　213 000 字
2022 年 12 月第 1 版　　2023 年 9 月天津第 2 次印刷
定价：79.90 元
ISBN 978-7-5223-1495-2
（图书出现印装问题，本社负责调换，电话：010-88190548）
本社图书质量投诉电话：010-88190744
打击盗版举报热线：010-88191661　　QQ：2242791300